MENJADI PEMIMPIN YANG MEMBERI DAMPAK

MENJADI PEMIMPIN YANG MEMBERI

BAGAIMANA PENGARUH ANDA DAPAT MENGUBAH DUNIA BRADEN DOUGLAS

LEADER〉IMPACT
PUBLISHING

HAK CIPTA © 2021 BRADEN DOUGLAS

Hak cipta 3 Undang-Undang.

MENJADI PEMIMPIN YANG MEMBERI DAMPAK

Bagaimana Pengaruh Anda Dapat Mengubah Dunia

ISBN: 978-1-927514-76-4 *Paperback*

Buku ini didedikasikan untuk LeaderImpact.

Terima kasih telah memercayai saya untuk menulis buku ini. Semua hasil penjualan buku ini akan langsung digunakan untuk membantu orang-orang di seluruh dunia untuk menjadi pemimpin yang memberi dampak melalui pekerjaan Anda.

Kejar tujuan Anda. Lakukan yang terbaik.

Dampaknya akan sepadan.

DAFTAR ISI

PENDAHULUAN

BANGUNLAH

Apa yang saya lakukan di sini? Sekarang pukul 9.30 malam. Saya berdiri di depan meja saya dan melihat ke sekeliling. Hanya saya yang masih berada di dalam gedung. Semua orang di lantai tujuh kantor Frito-Lay sudah pulang. Saya sudah bekerja selama lima belas jam tanpa henti, mencari cara untuk membuat orang makan lebih banyak keripik kentang. Dan saya tidak sempat makan siang. Lagi.

Mengapa saya mati-matian melakukan hal ini? Apakah saya benar-benar akan menghabiskan hidup saya sebagai pria keripik kentang? Sungguh? Lebih buruk lagi, saya menyukainya. Semua kesibukan yang ada: mengembangkan strategi, mengambil pangsa pasar, membuat iklan, dan bekerja dengan orang-orang cerdas. Namun, ini adalah kehidupan yang kosong tanpa tujuan yang lebih dalam, dan saya tahu itu.

Saya pulang ke rumah melewati jalan bebas hambatan, masuk ke apartemen, dan duduk di ranjang. Di seberang saya, ada cermin di atas meja rias IKEA hitam saya. Saya melihat diri saya dengan kantong mata dan kemeja kusut. Saya tidak menyukai apa yang saya lihat, dan bukan hanya karena saya terlihat buruk pada pukul 11 malam. Saya tidak menyukai apa yang saya lihat untuk masa depan saya. Saya suka pemasaran, tetapi saya ingin hidup dan karier saya berarti dan saya tidak tahu cara menyelaraskan keduanya. Saya merasakan dorongan kuat untuk menangis jadi saya melakukannya.

Saya tahu saya perlu berubah. Dan saya bertekad untuk melakukannya.

Ini adalah panggilan pembangun hidup saya.

MENJALANI KEHIDUPAN YANG MEMBERI DAMPAK

Setiap orang, pada suatu titik dalam kehidupan mereka, akan memiliki momen panggilan pembangun hidup. Ini adalah momen ketika Anda mendapatkan kejelasan tentang tujuan Anda ataupun menyadari kekurangan Anda. Dalam budaya pop, ini disebut krisis paruh baya, tetapi kenyataannya, hal ini terjadi ketika seseorang cukup dewasa untuk bereflèksi secara objektif. Momen ini dapat mengubah kehidupan seseorang dan dapat mengarah pada tujuan yang memuaskan, atau dapat menyebabkan perceraian, membeli mobil *convertible* merah, dan mengenakan kemeja tanpa kancing dengan rantai emas tergantung di dada Anda.

Dalam kasus saya, saya melakukan perjalanan pribadi setelah malam itu (yang akan Anda baca pada bab 8) dan menyadari tujuan saya adalah membantu para pemimpin menjalani kehidupan yang memberi dampak. Apa artinya? Selama karir saya, terlibat dengan LeaderImpact dan di agensi pemasaran saya, saya bekerja dengan banyak pemimpin. Mereka adalah pengusaha, pemilik, eksekutif, bintang baru, yang semuanya berjuang untuk sukses. Mereka mungkin memiliki kekayaan, namun banyak dari mereka yang tidak bahagia. Tidak terpenuhi. Hubungan mereka dengan pasangan dan anak-anak mereka tidak buruk namun juga tidak baik. Beberapa dari mereka menyebut diri mereka Kristen atau beragama, tetapi bukan iman yang hidup, dan tidak meresap ke dalam hidup mereka apalagi ke pekerjaan.

Dalam cara yang berbeda, banyak dari pemimpin ini yang sedang menghadapi panggilan pembangun hidup mereka. Mereka ingin memiliki dampak dan lebih banyak makna serta meninggalkan warisan, namun biasanya hanyalah niat baik tanpa perencanaan. Bahkan istilah *dampak* telah menjadi kata kunci populer dengan berbagai definisi sehingga kini menjadi tidak ada artinya. Ini baik untuk dikatakan, tetapi bagaimana sebenarnya cara untuk mencapainya?

Saya menulis buku ini untuk mereka—untuk Anda. Saya tidak menulis untuk semua orang. Saya berbicara pada pemimpin—orang yang memimpin orang lain, yang mengaspirasi dan berada pada posisi yang berpengaruh. Kepemimpinan adalah suatu keadaan aktif, lebih dari sekedar kata benda atau posisi. Banyak dari cerita dan ilustrasi saya yang berasal dari pemimpin bisnis yang memiliki perusahaan atau posisi di atas, tetapi siapa pun dapat menjadi pemimpin dan memiliki pengaruh di mana pun mereka berada dalam kehidupan dan pada siapa pun. Namun buku ini tidak ditulis untuk membujuk seseorang untuk menjadi seorang pemimpin. Sudah ada banyak buku mengenai hal tersebut. Saya berasumsi jika Anda mengambil buku ini, Anda telah menjadi pemimpin dalam bentuk apa pun.

Saya percaya pemimpin akan memberikan pengaruh lebih mendalam pada dunia dibandingkan kelompok lainnya di planet ini.

Pemimpin memiliki pengaruh, keahlian, kemakmuran, dan koneksi yang dibutuhkan untuk menggerakkan organisasi, komunitas, negara, dan dunia menuju hasil yang lebih baik dan positif.

Pikirkan itu.

Sebagai pemimpin, Anda membuat keputusan strategis setiap harinya untuk mengarahkan sumber daya Anda menuju hasil. Jika Anda merupakan bisnis laba, hasil tersebut merupakan laba. Jika Anda merupakan lembaga nirlaba, hasil tersebut berhubungan dengan orang-orang atau perkara. Seberapa baik Anda melakukannya dan seberapa besar yang dapat Anda lakukan menentukan pengaruh Anda di dunia ini.

Tidak ada contoh yang lebih baik tentang perlunya pemimpin yang berpengaruh selain melalui pandemi COVID-19.

Dalam hitungan minggu, negara-negara dan orang-orang di seluruh belahan dunia berada di bawah tekanan dan *lockdown*. Perekonomian di banyak daerah menurun drastis. Ribuan orang sakit. Jutaan orang menjadi pengangguran. Jutaan lainnya merasa takut, marah, dan frustasi.

Para pemimpin kesehatan bekerja tanpa lelah untuk merawat pasien dan melindungi pekerja garis depan mereka. Pemerintah berjuang keras untuk mengatasi virus dan program lembaga berjuang untuk membantu warganya mengatasi masalah finansial. Pemimpin bisnis dan organisasi mencoba memimpin dan berkomunikasi dengan tim mereka secara efektif, membuat keputusan sulit, dan menyusun strategi mengenai aliran pendapatan baru atau merencanakan langkah selanjutnya. Banyak keluarga yang terkena PHK atau, jika mereka memiliki pekerjaan, perlu menyeimbangkan tuntutan pekerjaan dengan tekanan ekstra dari rumah, yang untuk kebanyakan dari mereka mungkin termasuk homeschooling anak-anak mereka. Tekanan dan stres yang dirasakan sangat nyata.

Semua pemimpin berada di bawah mikroskop. Setiap orang memiliki pendapat tentang seberapa baik atau buruk mereka memimpin, namun tidak ada perdebatan bahwa pemimpin memiliki pengaruh.

Keputusan mereka dapat mengubah keputusan ratusan, ribuan, atau jutaan orang, dan dampak dari keputusan ini akan berdampak pada orang-orang ini selama sisa hidup mereka.

Pemimpin yang memberi dampak akan membuat keputusan yang lebih baik, menangani tekanan, dan lebih fokus daripada pemimpin yang tidak berpengaruh. Namun Anda tidak bisa menunggu adanya krisis untuk menjadi pemimpin yang berpengaruh. Sebuah krisis hanya mengungkap apa yang sudah ada.

Menjadi pemimpin yang memberi dampak adalah sebuah keputusan hidup. Ini dimulai dengan niat dan membutuhkan seumur hidup untuk menguasainya, tetapi Anda bisa mencapainya.

Pemimpin adalah orang yang sukses, tetapi tidak semua pemimpin memberi dampak.

Jika Anda tidak memiliki pemahaman yang tepat tentang dampak, Anda biasanya akan melihat kesuksesan dalam hal uang atau perkembangan pribadi. Ketika Anda menghasilkan uang, Anda mungkin menyimpannya atau memutarnya kembali ke bisnis atau organisasi untuk menghasilkan lebih banyak lagi tanpa memiliki titik akhir. Anda akan melihat kemajuan dan pertumbuhan sebagai pendorong utama motivasi, dan Anda akan menggunakan kekayaan Anda untuk membangun kerajaan untuk di sendiri dan kehidupan yang menyenangkan.

Tetapi apa yang akan terjadi jika para pemimpin di seluruh dunia mulai berpikir tentang kesuksesan dengan cara yang berbeda? Bisakah kita mendefinisikan kesuksesan dari dampak yang kita memiliki dan dampak yang kita tinggalkan?

Dampak, seperti yang akan Anda pelajari, adalah tentang orang lain. Definisi yang akan saya perkenalkan pada Anda adalah bahwa dampak menginspirasi orang lain menuju perilaku positif yang abadi.

Jika pemimpin bergabung untuk kebaikan orang lain, menggunakan bisnis dan organisasi untuk tujuan ini, dan melakukan pengorbanan untuk perkara yang menarik perhatian mereka, bayangkan perubahan yang dapat mereka buat. Bayangkan warisan yang akan mereka tinggalkan untuk keluarga, karyawan, komunitas, dan negara.

Hal ini bukan berarti Anda perlu hidup dalam kemiskinan. Ini berarti memilih untuk hidup dengan tujuan dan bukan hidup dengan kesenangan.

Kenyataan ini tidaklah mudah, tetapi sangat mungkin. Banyak pemimpin saat ini yang hidup dengan cara ini di seluruh belahan dunia. Anda mungkin bahkan sudah berada di jalur ini dan hanya membutuhkan dorongan. Anda hanya perlu bimbingan, visi, dan motivasi untuk menjalaninya. Dan seperti yang Anda baca, Anda tidak dapat melakukannya sendiri. Seperti pandemi yang menyatukan dunia, bersama-sama kita akan menjadi pemimpin yang memberi dampak.

GARIS BESAR BUKU

Buku ini dirancang untuk mengubah cara Anda berpikir tentang hidup Anda dan bagaimana Anda mengukur kesuksesan. Saya akan menantang Anda tentang pendapat Anda tentang dampak.

Hal-hal yang akan dibahas di buku ini:

- Anda akan mengetahui apa yang termasuk dampak dan apa yang tidak termasuk dampak.
- Asesmen LeaderImpact akan membantu Anda menilai kehidupan Anda dan yang sedang terjadi di area kehidupan inti Anda. Peni-

laian ini akan membandingkan Anda dengan pemimpin lain di seluruh belahan dunia untuk melihat di mana posisi Anda.

• Anda akan memahami Model LeaderImpact yang mengintegrasikan kehidupan profesional, personal, dan rohani Anda.

• Anda akan terinspirasi oleh kisah para pemimpin yang memberikan pengaruh dan melihat sendiri bahwa ini tidak rumit atau membosankan atau membatasi.

Kita akan menghabiskan tiga bab pertama membongkar kepemimpinan, dampak, dan apa yang mungkin dituntut dari kehidupan yang memberi dampak dalam hal kesulitan yang mungkin Anda temui. Kemudian kita akan masuk ke dalam inti dari buku ini: Model LeaderImpact. Bab 4 hingga 10 akan mendalami model ini secara mendalam, memungkinkan Anda untuk memahami ide-ide kunci. Pada bab 11, kita akan menyatukan semuanya untuk membahas pandangan holistik tentang "dampak kepemimpinan": kita akan mengeksplorasi ciri-ciri umum dari pemimpin yang memberi dampak dan menunjukkan pada Anda bagaimana pemimpin memanfaatkan bakat dan keterampilan mereka untuk benar-benar mengubah dunia. Lalu, pada bab 12, kita akan membahas mengenai apa yang mungkin telah Anda ketahui namun belum diungkapkan dalam kata-kata: Anda tidak bisa melakukannya sendiri. Bab terakhir kami "Bersiap untuk Dampak" menyatukan semua pelajaran ini sehingga Anda merasa bersemangat dan siap untuk memulai perjalanan Anda.

Saya siap untuk membantu Anda.

Tujuan hidup saya adalah membantu para pemimpin menemukan kesuksesan sejati. Saya telah banyak terlibat dalam inisiatif pengembangan kepemimipinan sejak sekolah menengah hingga universitas hingga awal karir saya di bidang pemasaran, dan kini sebagai wirausaha di salah satu agensi terbesar di Kanada dan menjadi relawan di LeaderImpact dalam skala global.

Saya tahu bagaimana rasanya memimpin bisnis yang penuh tuntutan dan stres serta tanggung jawab yang menyertainya. Saya memahami usaha dan waktu Anda yang terbatas. Namun, karena saya memahami dunia Anda, saya juga tidak membiarkan Anda lolos. Pemimpin meluangkan waktu untuk prioritas yang penting.

Menulis buku ini merupakan prioritas saya. Saya meluangkan waktu di pagi hari dan akhir pekan karena ini penting. Sebagai seorang pemimpin, Anda memutuskan apa yang penting, dan harapan saya adalah kriteria kesuksesan Anda mulai berkembang hingga memberikan dampak. Anda memiliki potensi untuk mengubah dunia.

Namun berhati-hatilah—ini bukan buku kepemimpinan biasa.

Hal yang terakhir yang ingin saya lakukan adalah menulis buku kepemimpinan yang membosankan. Buku-buku tersebut sudah ada banyak, dan saya juga sudah membaca banyak di antaranya, dan saya rasa Anda juga begitu. Ada banyak buku kepemimpinan dan asosiasi bagi pemimpin yang membahas pengembangan profesional dan banyak lagi tentang pengembangan pribadi. Namun membahas perkembangan spiritual dan menyatukan ketiganya dari perspektif seorang wirausahawan jarang terjadi.

Jika Anda mencari bacaan santai dengan empat poin menuju sukses yang mengatakan pada Anda bahwa Anda luar biasa, letakkan buku ini. Buku ini bukan untuk Anda. Menjadi pemimpin yang memberi dampak merupakan kerja keras. Buku ini akan memaksa Anda untuk berpikir lebih dalam dan mungkin mengubah pemikiran dan kehidupan Anda. Buku ini adalah untuk pemimpin yang memiliki semangat—yang ingin sukses, ingin tahu lebih banyak, dan ingin memiliki pengaruh yang meninggalkan legacy.

Jika itu Anda, saatnya untuk bangkit. Ayo lakukan ini.

BAB 1

DAMPAK ITU RUMIT

Pernahkah Anda berpikir Anda mengetahui sesuatu dan kemudian menyadari bahwa hal itu sebenarnya salah? Ketika saya dan istri saya pindah ke rumah pertama kami, kami tidak memiliki tetangga. Rumah di samping kami masih dalam perbaikan, dan saya menunggu dengan penuh harap siapa tetangga baru kami. Saya selalu ingin menjadi tetangga yang baik. Tetangga yang akan memotong rumput untuk Anda, meminjamkan secangkir gula, menyekop jalanan depan rumah Anda, dan lainnya, Mungkin film The Truman Show telah menginspirasi saya.

Akhirnya, hari di mana tetangga kami pindah ke rumah sebelah tiba. Keluarga Filipino yang ramah dengan dua anak laki-laki. Beberapa hari kemudian, sang ayah sedang berada di taman, dan saya pikir inilah kesempatan saya untuk memperkenalkan diri. Saya memberanikan diri, membuka diri, dan berjalan mendekat.

"Hai, selamat atas perpindahanmu ke lingkungan kami. Nama saya Braden," kata saya.

Ia adalah pria bertubuh tinggi kurus dan berbicara dengan suara lirih, dan Anda bisa melihat ia pemalu tetapi cukup ramah. "Halo," katanya. "Nama saya Huijo, tetapi itu *tricky* (rumit)."

Saya tidak mendengar jawabannya dengan jelas, tetapi saya bersumpah dia menyebutkan namanya "Tricky." "Bagus! Senang bertemu denganmu, Tricky. Jika kamu butuh sesuatu, dan maksud saya apa saja, beri tahu saya," saya berkata dengan penuh antusias.

Saya kembali ke rumah dan memberitahu istri saya tentang tetangga baru favorit yang bernama Tricky.

Selama dua tahun berikutnya, saya terus memanggilnya Tricky karena saya mengira namanya memang Tricky, dan ia tidak pernah mengoreksi saya. Saya juga tidak malu-malu dalam mengucapkan namanya.

"Selamat pagi, Tricky!" "Bagaimana pagarnya, Tricky?" "Hei Tricky, apakah saya bisa meminjam gunting dahanmu?"

Akhirnya, suatu hari, istrinya dan istri saya (Jen) sama-sama sampai di rumah pada waktu yang sama, dan mereka mengobrol di depan pintu masuk. Setelah basa-basi, istri Tricky bertanya ke Jen dengan sedikit perasaan malu, "Apakah kamu tahu bahwa suamimu memanggil suami saya Tricky?"

"Ya," Jen menjawab.

"Sebenarnya namanya Huijo, dan ia tidak suka dipanggil Tricky. Bisakah kamu mengatakan ini pada suamimu?" tanyanya.

"Ya, tentu saja. Saya kira ia tidak tahu nama aslinya," kata Jen, mencoba menyelamatkan harga diri saya.

Jen masuk ke dalam rumah sambil tertawa dan meletakkan belanjaannya di dapur.

"Ada sesuatu yang lucu?" tanya saya.

"Kamu tahu, tetangga kita Tricky. Nah, namanya bukan Tricky, tetapi Huijo."

"Namanya siapa?" tanya saya lagi, menyadari bahwa selama ini saya telah salah.

"Huijo," jawabnya.

"Maksudmu saya memanggilnya Tricky selama dua tahun? Dan dia membencinya? Dan ia tidak mengatakan apa-apa?" kata saya.

Saya merasa sangat bodoh dan malu. Huijo yang malang. Semua ini bisa dihindari jika saya menyadarinya.

Dan inilah untuk kita.

Banyak pemimpin menjalani hidup mereka menuju kesuksesan hanya untuk menyadarinya setelah terlambat bahwa mereka salah. Saya mengobrol dan bekerja dengan para pemimpin sepanjang waktu, dan banyak dari mereka berbicara tentang meninggalkan legacy dan ingin memberikan dampak.

Tetapi mereka tidak tahu apa itu pengaruh dampak. Mereka melakukan aktivitas, mencoba untuk menjadi orang baik, namun mereka tidak memiliki pemahaman mengenai dampak, apalagi rencana untuk mencapainya.

Ingin memberikan pengaruh terdengar baik. Terutama pada masa kini, sangat populer untuk berbicara mengenai dampak dan membuat dunia menjadi lebih baik. Namun benar-benar melakukannya merupakan level lain yang tidak pernah dicapai oleh kebanyakan orang.

Hal inilah yang akan kita bahas dalam bab ini: membedakan apa yang merupakan dampak dan apa yang bukan sehingga Anda dapat memahami dan mulai berfokus untuk mencapainya. Hal ini penting karena kita membutuhkan orang-orang, terutama pemimpin yang memiliki kekuasaan, untuk menjadi orang yang memiliki dampak.

MEMAHAMI DAMPAK

Dampak, sebagaimana didefinisikan dalam kamus, berarti memiliki efek yang kuat pada seseorang atau sesuatu. Dampak bukan hanya tindakan atau peristiwa tertentu. Banyak orang yang saya temui menggunakan "membantu" secara bergantian dengan "dampak". *Membantu* dan *dampak* tidaklah sama.

Misalnya, kita semua tahu pepatah, "Beri dia ikan, kamu memberinya makan untuk sehari. Ajari dia memancing, kamu memberinya makan untuk selamanya."

Memberi ikan adalah *membantu*. Ini merupakan tindakan amal yang dilakukan karena belas kasihan atau kewajiban atau rasa bersalah atau motivasi lainnya terhadap mereka. Mengajari mereka memancing adalah *dampak*. Ini mengubah perilaku dan tindakan mereka sedemikian rupa dan dapat bertahan seumur hidup, dan bahkan dapat diteruskan pada orang lain di generasi sekarang dan yang akan datang.

Memberi amal itu membantu. Menginspirasi orang untuk peduli pada tujuan amal itu dampak. Apakah Anda melihat perbedaannya?

Dampak menginspirasi orang lain untuk terus berperilaku positif. Saya akan mengatakannya lagi: dampak menginspirasi orang lain untuk terus berperilaku positif. Seperti yang Anda lihat, dampak bertahan lama.

John Maxwell, penulis *Terapkan 21 Hukum yang Ada* yang terkenal, mengatakan bahwa "kepemimpinan adalah pengaruh—tidak lebih, tidak kurang."[1] Ia benar sekali, namun ini belum lengkap. Pemimpin memberi pengaruh *dan* mampu menciptakan dampak. Memiliki pengaruh tidak otomatis menciptakan dampak, tetapi memberikan peluang untuknya. Intinya, dampak adalah pengaruh yang menginspirasi.

Misalnya, orang tua memiliki pengaruh, dan dampaknya terlihat dari bagaimana anak-anak mereka tumbuh dan berperilaku. Manajer dan atasan memiliki pengaruh yang besar dan dapat memberi dampak pada karyawan mereka melalui apa yang mereka ajarkan, bagaimana mereka bekerja dan memberi contoh perilaku, dan bagaimana cara mereka memotivasi karyawan. Hal yang sama berlaku untuk konsultan, karyawan toko ritel, walikota, guru, relawan, instruktur, pelatih, kapten olahraga—apa pun posisi yang Anda miliki yang memiliki pengaruh, selalu ada peluang untuk memberi dampak.

Untuk memperkuatnya, dampak mengubah cara berpikir seseorang dan menginspirasi mereka untuk selalu berperilaku positif. Pemimpin memang berpengaruh, tetapi tidak semua pemimpin memberi dampak.

Saya suka berolahraga, dan sering kali, saya ditunjuk sebagai kapten tim, seperti dalam sepak bola, voli, tenis, lintas alam, dan lainnya. Namun saya adalah kapten yang buruk. Saya merasa posisi kapten diperoleh karena menjadi salah satu pemain terbaik dalam tim. Saya berteriak pada teman setim saya untuk "memotivasi" mereka. Saya mengkritik kurangnya etos kerja mereka atau mengomentari kesalahan mereka, mengira ini akan memotivasi mereka dan teman setim lainnya untuk bermain lebih baik lagi. Saya tidak tahu bagaimana seharusnya seorang kapten berperilaku, dan saya benar-benar mengira saya melakukan tugas saya dengan baik sebagai kapten, terutama ketika kami menang. Baru setelah saya bertemu Kevin Shonk saya menyadari bahwa saya salah besar. Bagian terbaiknya adalah ia mungkin bahkan tidak menyadari seberapa besar dampak yang ia miliki terhadap saya.

Saya tiba di perkemahan Bola Voli Olimpiade di Ontario bagian utara bersama salah satu teman setim saya, Stephan Larass. Posisi saya adalah *setter*, yang berarti saya mengatur permainan, menyentuh bola setiap operan kedua, dan "mengatur" para hitter. Setiap kemah ditempatkan di tim dengan seorang pemain-pelatih. Pemain-pelatih adalah pemain yang lebih tua dan lebih berpengalaman, yang akan menjadi model dan melatih Anda ketika Anda bermain bersama sebagai satu tim di lapangan. Pelatih saya adalah Kevin Shonk, seorang hitter dengan tinggi enam kaki dua inci dan lompatan vertikal yang luar biasa, yang merupakan bintang terbaik untuk tim universitas Wilfrid Laurier.

Saya berjalan ke lapangan, bersiap untuk mengatur permainan, mengatur tim saya, mendapatkan rasa hormat mereka dengan etos kerja dan kemampuan saya, dan mengantar mereka menuju kemenangan. Lalu segalanya berubah.

Pemain-pelatih saya, Kevin, datang sambil melompat ke lapangan dengan energi positif yang menular. Dengan senyuman memenuhi wajahnya, ia mendekati setiap pemain dengan memberikan tos dan menarik tim mendekat ke tengah lapangan.

"Apakah kalian siap untuk ini?" tanyanya.

"Ya," kami menjawab dengan pelan dan ragu-ragu, mencoba memahami dari planet mana Kelinci Energizer ini berasal.

"Ayolah. Kita akan bermain. Kita akan menggila dan mengalahkan tim lawan. Teriakkan. Apakah kalian siap untuk ini?" dia berteriak.

"Ya," kami balas berteriak dan mulai melompat kecil, menyamakan gerakan dengannya.

"Saya tidak bisa mendengar kalian," ia melanjutkan.

"Ya!" kami mengulanginya dengan suara menggelegar yang keras. "Masih terlalu pelan," katanya.

"YA!" kami berteriak sekeras yang kami bisa, sambil melompat-lompat di lapangan.

"Tim 5 pada hitungan ketiga. Satu, dua, tiga!" Kevin berteriak.

"Tim 5!" kami semua balas berteriak. Kami kembali ke posisi kami masing-masing dengan senyum lebar dan bersemangat, siap untuk mengalahkan tim di seberang kami. Tim itu mungkin bisa menjadi tim nasional AS, dan kami berpikir kami mampu mengalahkannya.

Itu bagus, tetapi ini bagian terbaiknya. Kami mulai bermain, dan pertandingan hampir selesai. Sebuah servis cepat melewati net. Teman setim mengoper bola pada saya dalam posisi yang baik. Saya mengaturnya dengan sempurna ke hitter luar kami. Ia melompat terlalu awal dan gagal memukul bola, dan bola itu mendarat di net.

"Ayolah, Pat. Kamu harus fokus!" Saya hendak berteriak. Namun sebelum kata-kata itu keluar dari mulut saya, Kevin menyela.

"Usaha yang bagus, Patty. Kamu hampir melakukannya. Pertahankan. Yang berikutnya adalah milikmu," katanya, dan ia memberi Pat tos dan juga tepukan di punggungnya.

Kevin melihat ke arah saya dan mengedipkan mata. Kevin tahu Patty seharusnya bisa memenangkan set itu. Apa yang ia lakukan? Kevin tahu saya kecewa pada Patty, tetapi apa yang ia lakukan ke Patty tidak seperti yang saya kira. Setiap permainan, apa pun hasilnya, disambut dengan positif.

Permainan berlanjut, dan kami saling berkejaran skor dengan tim lawan dengan beberapa poin tersisa. Saya merasakan tekanan ini. Bola kembali menghampiri saya, dan saya melakukan kesalahan. Saya mengoper bola ke area kosong di dekat net, mengira akan ada pemain di sana. Saya memberi tim lawan satu poin yang berharga.

"Maaf teman-teman," saya berkata dengan kepala tertunduk.

"Jangan terlalu dipikirkan. Tidak masalah. Kamu melakukannya dengan sangat baik. Kamu mampu melakukannya!" Kevin berteriak.

"Lupakan itu. Kamu bermain dengan sangat baik, Braden," kata Patty sambil memberi saya tos.

Kami kemudian memenangkan beberapa poin berikutnya dan akhirnya memenangkan pertandingan. Kami merasa sangat bersemangat. Kami semua berjalan meninggalkan lapangan merayakan kemenangan kami. Saya duduk dan mulai melepaskan sepatu saya. Kevin menghampiri saya dan menjatuhkan dirinya di samping saya.

"Sungguh sebuah permainan yang kamu mainkan tadi, Braden," katanya, masih dengan senyum lebarnya.

"Terima kasih. Permainan yang seru. Kamu juga tidak kalah hebat," balas saya.

"Apa yang kamu perhatikan dari tim atau bagaimana saya memimpin?" tanyanya.

"Kamu membantu tim untuk fokus dan menjaga kami tetap berada di jalur. Kamu melakukan hal besar saat kami membutuhkannya," jawab saya. Saya sedikit terkejut dengan pertanyaannya, karena saya biasanya tidak terlalu memikirkan tentang kepemimpinan setelah permainan selesai.

"Fokus dan hasil adalah yang kedua. Saya tidak pernah memikirkannya," katanya.

"Benarkah?" Saya bertanya, tidak terlalu mempercayainya karena setiap atlet yang kompetitif selalu berpikir untuk menang.

"Tidak. Tugas saya sebagai pemimpin adalah untuk membuat pemain menyukai permainan, percaya pada diri mereka sendiri, dan ingin tetap bermain di tingkat tertinggi pada setiap permainan," katanya. "Hasilnya akan muncul. Dan bahkan jika mereka tidak bermain dengan baik pada hari itu, kami akan tetap terus berlatih bersama hingga mereka bermain dengan baik."

Ini mengubah cara berpikir saya secara keseluruhan. Saya lama memikirkan apa yang waktu hari itu ia katakan dan sampai saat ini saya masih memikirkan nya.

Kevin memberikan dampak.

Jika Anda bertanya pada orang tua saya kapan saya mulai berubah dan menjadi pemimpin yang lebih baik, mereka mungkin akan menjawab pada usia enam belas tahun di perkemahan voli. Saya pulang ke rumah dan menjadi orang yang baru.

Bahkan saat ini, ketika saya memimpin sebuah agensi besar dengan banyak pemasar internasional, saya mencoba untuk menginspirasi mereka untuk mencintai pemasaran dan untuk membuat perubahan dalam kehidupan orang lain. Ini adalah cara saya menggabungkan bakat pemasaran dengan memberi dampak pada kehidupan orang lain. (Kisah ini nanti di bahas lebih lanjut.) Saya sering mencoba memberi dorongan pada karyawan saya sehingga mereka percaya diri. Dan saya menciptakan suasana positif sehingga mereka bersemangat untuk melakukan pekerjaan luar biasa untuk klien dan untuk diri mereka sendiri. Hasil dan performa akan datang ketika ada keperca-yaan diri, keyakinan, dan keinginan.

Saya masih belum sempurna (seperti yang akan dibuktikan kar-yawan-karyawan saya), tetapi dampak dari pelatihan yang Kevin tunjukkan ke saya mengubah cara saya dalam memimpin di masa depan. Saya diingatkan, bahkan pada saat ini, bahwa kita tidak ber-usaha meraih kesempurnaan, tetapi untuk kemajuan.

Setiap orang memiliki kemampuan untuk memberi dampak.

Saya ingin Anda mengatakan ini pada diri Anda sendiri, dengan lantang, sekarang—ya, dengan lantang—"Setiap orang memiliki kemampuan untuk memberi dampak."

Apakah Anda mempercayainya? Ini adalah langkah pertama untuk menjadi pemimpin yang memberi dampak. Anda harus percaya, dalam jiwa Anda, bahwa Anda bisa memberi dampak pada orang lain. Bahwa Anda memiliki kemampuan, dan menurut saya tang-gung jawab, untuk menjadi pemimpin yang memberi dampak. Jika Anda tidak mempercayai kebenaran ini, Anda sebaiknya berhenti membaca sekarang karena saya tidak mampu membantu Anda.

Namun jika Anda mempercayai kalimat ini—dan ini merupakan kalimat yang sederhana— Anda akan memiliki kemampuan untuk memulai sesuatu yang akan membawa Anda lebih jauh dari yang Anda kira.

DAMPAK MENCIPTAKAN GERAKAN

Ukuran dampak ditentukan oleh ukuran dan skala gerakan yang dihasilkan. Dampak dapat diciptakan dengan kata-kata atau tindakan.

Pikirkan Rosa Parks dan kisahnya tentang dampak.

Rosa Parks adalah sekretaris NAACP (Asosiasi Nasional untuk Kemajuan Orang Kulit Berwarna) pada tahun 1950-an saat negara-negara bagian selatan telah mengadopsi undang-undang yang memisahkan warga kulit hitam dan putih di fasilitas umum, transportasi umum, dan toko ritel.

Pada tahun 1955, sekitar pukul 6 sore, setelah seharian bekerja, Rosa naik bus kota Montgomery dengan sopir James F. Blake—sopir bus yang sama yang memaksanya turun dari bus dan kehujanan beberapa minggu sebelumnya ketika banyak orang kulit putih naik bus, dan tidak ada cukup kursi untuk semua penumpang. Ini adalah hal yang memalukan.

Hari ini, ketika lebih banyak orang naik ke bus, bagian kulit putih menjadi penuh. Blake berdiri dari kursi pengemudi dan berjalan menyusuri lorong ke bagian tengah bus.

"Kalian sebaiknya membuatnya mudah untuk diri kalian sendiri dan berikan pada saya kursi kalian," ia berkata pada penumpang dan menatap keempat penumpang kulit hitam. Awalnya, tidak ada yang bergerak.

"Berikan pada saya kursi kalian," kata Blake lagi, kali ini dengan nada suara yang lebih tegas. Tiga dari empat penumpang dengan enggan berdiri dan pindah ke bagian belakang bus. Tetapi tidak dengan Rosa. Ia tetap duduk dan bergeser mendekat ke arah jendela.

"Jika kamu tidak berdiri, saya akan menelepon polisi dan meminta mereka untuk menangkapmu," ia memperingatkan.

"Kamu bisa melakukannya," respon Rosa.[2]

Polisi tiba dan menuduh Rosa dengan pelanggaran hukum pasal 6 ayat 11 hukum segregasi kode kota Montgomery.

Rosa bukan orang pertama yang memboikot sistem bus kota, ataupun dalang utama maupun pemimpin gerakan kesetaraan, seperti Martin Luther King Jr., tetapi tekad, kemauan, dan penolakannya untuk menyerah pada hari itu menciptakan sebuah dampak.

Beberapa hari kemudian, setelah persidangan selama tiga puluh menit yang menyatakan Rosa bersalah, NAACP membuat selebaran dan mendistribusikannya ke gereja-gereja dan lingkungan kulit hitam, meminta warga kulit hitam untuk memboikot bus pada hari Senin, 5 Desember. Sebuah artikel di halaman depan *Montgomery Advertiser* membantu menyebarkan berita ini.

Strategi boikot ini berhasil meningkatkan kesadaran dan menyatukan komunitas kulit hitam untuk memperjuangkan persamaan hak. Hal ini menyebabkan lebih banyak boikot dan pawai.

Rosa mendapatkan perlakuan yang tidak adil dikarenakan hukum kuno. Ia memberi pengaruh pada komunitasnya untuk mengambil sikap. Ia tidak perlu melakukan pidato yang menarik atau menjadi pihak berwenang, tetapi ia mampu memberi pengaruh. Jika Rosa mampu melakukannya, kita juga mampu.

"Orang-orang selalu mengatakan bahwa saya tidak memberikan kursi saya karena saya lelah, tetapi itu tidak benar. Saya tidak lelah secara fisik, atau tidak lebih lelah dari biasanya pada akhir hari kerja. Saya tidak tua, walaupun beberapa orang berpikir bahwa saya sudah tua. Usia saya empat puluh dua. Tidak, satu-satunya kelelahan yang saya rasakan adalah saya lelah terus mengalah," kata Rosa.

Rosa Parks menjadi ikon untuk gerakan hak-hak sipil. Ini berdampak padanya dan keluarganya, karena ia dan suaminya akan kehilangan pekerjaan karena kontroversi tersebut, namun dampaknya tidak bisa disangkal.

Besar kecilnya dampak terlihat dari lamanya tindakan yang terus berlanjut. Gerakan dimulai dari dampak.

LATIHAN PRIBADI

Membaca buku itu mudah, tetapi saya ingin ide-ide ini melekat pada Anda. Saya telah menambahkan beberapa latihan sederhana untuk membantu Anda mengembangkan pemikiran yang dibutuhkan untuk membuat kemajuan. Latihan pertama adalah menulis nama orang-orang yang memberi dampak pada Anda sepanjang hidup Anda. Membuat daftar nama orang yang berdampak pada Anda memungkinkan Anda untuk mengembangkan pemahaman yang lebih tajam mengenai dampak: berbagai jenis dan bentuk dampak serta seberapa penting atau lamanya efek tersebut dapat bertahan. Ini mendorong kekuatan dampak pada level personal.

Saat Anda merenungkan hidup Anda, pikirkan orang-orang yang memberi dampak positif pada Anda. Siapakah mereka? Guru. Pelatih. Atasan. Teman. Keluarga. Apa yang mereka lakukan atau katakan yang yang selaras dengan Anda?

Tuliskan nama tiga hingga lima orang, dan di samping masing-masing nama, tuliskan dampak yang mereka berikan terhadap Anda. Cobalah untuk sekonkret mungkin. Misalnya, jika Anda memiliki seorang guru yang memberi Anda dampak, jangan katakan, "Ia hebat dan membuat saya senang." Ini kurang jelas dan tidak membantu. Sebaliknya, cobalah untuk mengingat cerita atau konteks yang membuat Anda merasakan perasaan tersebut, seperti, "Pidato saya di kelas berjalan dengan buruk, dan saya mulai menangis, tetapi guru saya berdiri dan memberi selamat pada saya karena saya berani menunjukkan kerentanan saya."

Apakah Anda telah memiliki daftar orang dan dampak yang mereka miliki?

Sekarang, saya ingin Anda membayangkan orang-orang dalam kehidupan Anda: keluarga, teman, kolega, tetangga, karyawan, rekan setim, pemasok, dan siapa saja.

Berapa banyak dari mereka, jika mereka melakukan latihan ini, yang akan menuliskan nama Anda? Berapa banyak dari mereka yang akan bercerita mengenai bagaimana Anda memberikan dampak pada mereka pada masa lalu?

Kami melakukan latihan ini pada setiap kelompok LeaderImpact yang saya pimpin karena latihan ini membuat dampak menjadi kenyataan yang dapat Anda rasakan. Dan ya, latihan ini dirancang untuk membuat Anda merasa bersalah. Maafkan saya,. Ini bahkan sulit bagi saya, dan saya sedang menulis buku ini. Namun perasaan tersebut berarti Anda tidak menyukainya, dan itu bagus. Saya harap ini dapat menginspirasi Anda untuk mengambil tantangan menjadi orang yang memberi dampak dengan lebih serius.

KUNCI YANG PERLU DIINGAT

Anda memiliki kemampuan untuk memberi dampak, tetapi ingat ketiga poin utama ini.

1. Dampak tidak sama dengan membantu. Ini tentang pengaruh yang menginspirasi. Inspirasi ini menghasilkan pemikiran, keyakinan, dan perilaku positif yang mengarah pada hasil yang lebih baik.

2. Setiap orang memiliki kemampuan untuk memberi dampak. Tidak peduli apa peran yang Anda miliki, siapa Anda, atau apakah Anda sangat terampil. Jika Anda memiliki pengaruh secara langsung atau tidak langsung terhadap seseorang, Anda bisa memberi dampak pada hidup mereka.

3. Dampak menyebar dan menciptakan gerakan. Ini tidak berarti tindakan atau kejadian yang monumental; dampak dapat terjadi setiap hari jika Anda memiliki niat dan memanfaatkan peluang dengan orang lain. Langkah kecil yang konsisten dengan niat menciptakan momentum yang akan berubah menjadi sebuah gerakan.

Berada di posisi kepemimpinan dan membicarakan dampak itu mudah. Menjadi pemimpin yang memberi dampak adalah saat di mana ini menjadi rumit.

BAB 2

DAMPAK YANG ABADI ADALAH LEGACY ANDA

"Apakah kita sudah sampai?" Saya bertanya dengan nada merengek dari kursi belakang.

"Hampir. Lima belas menit," jawab ayah saya.

"Ayah mengatakan itu lima belas menit yang lalu," balas saya, merasa tidak sabar.

Kanada adalah negara yang sangat luas. Anda hanya perlu melakukan perjalanan, dan Anda akan mengalaminya. Saat itu saya berumur enam tahun, dan kami sedang melakukan perjalanan dari Toronto ke Thunder Bay. Perlu lebih dari dua puluh jam untuk berkendara untuk sampai ke sana.

"Sudah sampai," kata Ayah saat ia keluar dari jalan tol ke pemandangan yang bertengger di atas Danau Superior.

Saya dan saudara perempuan saya melesat keluar dari mobil dan berlari ke arah kerumunan kecil turis dan penonton. Saya berlari ke monumen besar dan meliat ke atas.

"Apa yang terjadi padanya?" Saya bertanya pada orang tua saya.

"Ia Terry Fox. Ia kehilangan kakinya karena kanker dan ingin berlari melintasi Kanada untuk meningkatkan kesadaran dan dukungan bagi penelitian kanker," kata ayah saya. "Ia hanya berhasil mencapai Thunder Bay sebelum meninggal."

Saya ingat melihat patungnya. Kaki prostetiknya sedikit membuat saya takut. Namun yang lebih jelas adalah postur tubuh dan ekspresi wajahnya. Itu adalah rasa sakit bercampur dengan tekad.

"Mengapa ia melakukannya?" tanya saya.

"Ia benci apa yang diambil kanker darinya. Ia masih muda. Ia melihat apa yang dilakukan kanker padanya dan pada orang lain yang juga menderita kanker. Ia tidak ingin kanker menang—ia ingin melawan dan memberikan harapan," ayah saya menjelaskan.

"Itu sebabnya ia menyebut acara larinya Maraton Harapan," ibu saya menimpali.

Saya sering memikirkan tentang Terry sejak kecil, terutama ketika sekolah kami berpartisipasi dalam acara Lari Tahunan Terry Fox pada bulan Oktober. Saya adalah seorang pelari. Terkadang saya mencoba meniru gaya lari satu kaki Terry untuk merasakan hal yang sama. Tidak perlu waktu lama sebelum saya menyerah—ini sulit.

Jika Anda hanya ingin menjalani hidup yang berdampak karena imbalan yang mungkin Anda dapatkan, Anda tidak akan berhasil untuk waktu yang lama. Ini merupakan kerja keras. Motivasi yang berpusat pada diri sendiri tidak akan bertahan lama.

Dapat dikatakan tujuan Terry Fox bukanlah monumen yang dibuat untuk dirinya di Thunder Bay, Ontario. Itu merupakan patung yang luar biasa, tetapi itu bukan intinya. Hanya menyumbangkan uang bukan merupakan dampak. Mendapatkan ketenaran atau membuat orang tahu siapa Anda juga bukan merupakan dampak. Begitu juga dengan menulis nama Anda di gedung universitas atau rumah sakit. Patung, monumen, nama, seharusnya hanya berfungsi untuk mengingatkan orang tentang dampak yang Anda ingin mereka ingat.

Ada tiga kebenaran penting yang perlu Anda pahami sebelum Anda memulai atau memilih untuk menjalani kehidupan yang berdampak.

DAMPAK BUKANLAH TENTANG ANDA

Apakah Anda peduli tentang sesuatu atau seseorang lebih dari pengembalian yang bisa Anda lihat? Apakah Anda akan mengejar kehidupan yang memberi dampak bahkan jika tidak ada yang ingat atau tahu apa yang Anda lakukan?

Bayangkan menghabiskan seluruh hidup Anda dengan berlatih satu bidang olahraga, akhirnya berhasil mencapai Olimpiade, dan kemudian mengorbankan diri Anda agar rekan satu tim Anda bisa menang. Itulah yang dilakukan Colin Jenkins asal Kanada. Ia berada di urutan terakhir dalam triatlon Olimpiade—dengan sengaja. Dan tidak ada yang tahu siapa Colin Jenkins.

Inilah latar belakangnya.

Simon Whitfield, seorang Kanada, telah memenangkan medali emas di Olimpiade Sydney pada tahun 2000 untuk triatlon dan menjadi pahlawan Kanada. Empat tahun kemudian di Athena, Yunani, Whitfield berada di posisi yang mengejutkan, yaitu posisi kesebelas. Whitfield dan Kanada merasakan kekecewaan yang besar. Bersiap untuk pertandingan tahun 2008 di Beijing, pada usia tiga puluh tiga tahun, dunia triatlon menganggap Whitfield terlalu tua untuk menang atau bahkan menyelesaikan pertandingan di sepuluh besar. Semua orang tahu ini.

"Saya tidak bisa memenangkannya sendiri, tetapi bagaimana jika kita melakukan balapan tim?" Whitfield menyarankan.

Jenkins merupakan atlet triatlon yang cukup baik tapi tidak dianggap sebagai saingan berat sama sekali.

"Colin, kita mungkin tidak bisa memenangkan medali sendirian. Namun jika kita bekerja sama, kita bisa memberikan sesuatu yang hebat untuk Kanada. Bagaimana menurutmu?" tanya Whitfield.

"Oke. Saya setuju," jawab Colin.

Colin dan Simon pergi ke Beijing dan bersiap untuk memulai balapan.

Triatlon Olimpiade dimulai dengan renang sejauh 1,5 kilometer, lalu bersepeda sejauh empat puluh kilometer, dan diakhiri dengan lari sejauh sepuluh kilometer. Whitfield merupakan pelari yang luar biasa, tetapi ia membutuhkan bantuan dalam berenang dan bersepeda.

Para atlet berbaris untuk memulai. *Dor!* Pistol ditembakkan untuk memulai pertandingan. Jenkins berlari kecil di depan Whitfield dan berlari ke arah air. Whitfield berada dekat di belakang Jenkins, yang berenang dengan cepat menembus air dan membuka jalan bagi Whitfield untuk memudahkannya berenang dan menghemat energi.

Mereka muncul dari air dan beralih ke sepeda. Jenkins, kelelahan karena berenang, berlari dan melompat ke atas sepeda. Lagi, Whitfield berada dekat di belakangnya. Jenkins menerobos angin dengan kecepatan tinggi untuk membuka jalan bagi Whitfield dan membuatnya mengayuh lebih mudah. Pada kilometer ketiga, Jenkin tidak bisa lagi mempertahankan kecepatannya lebih lama dan mulai mundur. Namun hanya ini yang perlu ia lakukan untuk Whitfield.

Para atlet turun dari sepeda dan mulai berlari sejauh sepuluh kilometer ke garis finish. Whitfield berada pada posisi keempat belas ketika mereka mulai berlari. Langkahnya luar biasa. Ia mulai menyusul setiap kilometernya dan mempersempit jarak. Dengan tiga kilometer tersisa, Whitfield berada pada posisi keempat tetapi masih jauh tertinggal dari tiga pelari di depannya. Kemudian tenaga yang ia simpan ketika berenang dan bersepeda mulai membuahkan hasil. Dengan satu kilometer tersisa, Whitfield mulai mengejar ketertinggalan. Ia melewati pelari di posisi ketiga. Dengan banyak penonton yang mendukungnya, ia melewati pelari di posisi kedua dan lalu posisi pertama pada putaran terakhir. Tidak mampu menjaga kecepatan lari mendekati garis finish, kedua pelari di belakangnya mulai mengejar, dan ini menjadi pertarungan untuk sampai di garis finish.

Sang powerhouse Jerman Jan Frodeno akhirnya mengalahkan Whitfield dengan jarak dua puluh meter dan memenangkan medali emas, dan Whitfield memenangkan medali perak.

Colin Jenkins, sebaliknya, finish di posisi kelima belas. Urutan terakhir. Saat ia melangkahkan kaki ke garis finish, ia mendongak dan melihat nama Simon Whitfield di papan peringkat sebagai peraih medali perak. Ia sangat gembira. Ia mulai melakukan tos dengan penonton dan bersorak bersama penggemar Kanada saat ia selesai, mengetahui ia membantu seseorang dan negaranya mencapai sesuatu. Dan kebanyakan orang tidak akan pernah tahu atau mengingatnya.

Beberapa orang mengkritik apa yang dilakukan Colin Jenkins tidak sejalan dengan semangat Olimpiade sebagai seorang atlet. Yang lain melihatnya memiliki karakter yang baik atau menjadi pemain tim, dan menurut saya mereka benar. Dibutuhkan karakter untuk mampu berkorban seperti apa yang ia lakukan agar tim Kanada bisa mendapatkan keuntungan. Dampak yang didapatkan olahraga Kanada dan Simon Whitfield dengan memenangkan medali Olimipiade jauh lebih besar daripada berada di urutan kelima belas.

Dibutuhkan kualitas pribadi yang kuat untuk menjalani kehidupan yang berdampak. Setiap orang memiliki kualitas baik ini. Menggunakan dan memfokuskannya untuk kebaikan yang lebih besar adalah dampak. Namun tidak setiap orang mengambil pilihan itu, terutama ketika mereka tidak pernah melihat manfaat dari pekerjaan mereka.

Inilah mengapa penting untuk diingat bahwa dampak yang sebenarnya bukanlah tentang Anda.

Apakah penyebab atau orang yang Anda sayangi lebih berharga dari pada mendapatkan penghormatan, penghargaan, atau nama Anda akan bersinar?

DAMPAK TIDAK SELALU MUDAH

Sebagian besar pemimpin dan merek ingin dilihat sebagai seseorang atau perusahaan yang memberi dampak. Ketika kita berbicara tentang memberi dampak atau terlihat sedang memberi uang, menjadi relawan untuk organisasi non-profit, atau mengikuti perlombaan untuk amal, orang-orang mengaguminya. Orang-orang akan memuji Anda dan berterima kasih atas apa yang Anda lakukan. Tetapi mengapa Anda melakukannya? Apakah tindakan Anda dimotivasi oleh orang yang Anda bantu, atau apakah berfokus pada keuntungan yang Anda dapatkan dari berpartisipasi? Bagaimana jika memberi dampak di depan umum tidak populer? Bagaimana jika itu adalah hal yang benar untuk dilakukan tetapi dapat membawa kerugian pribadi dan profesional bagi Anda? Apakah Anda masih akan melakukannya?

Dua ribu tahun lalu Yesus memberikan dampak yang sangat besar. Jutaan orang telah menaruh iman mereka pada-Nya sebagai anak Allah dan membangun hidup mereka menurut ajaran-Nya. Namun ini tidak populer. Yesus terus-menerus dihina dan dianiaya oleh para pemimpin pada masanya. Ia dituduh melakukan yang tidak dilakukannya sehingga ia bisa disiksa dan dibunuh oleh pemerintah yang opresif. Apakah menurut Anda misi-Nya lebih penting dari konsekuensinya?

Apakah Ia berpikir tentang kapel atau gereja yang akan dibangun untuk menghormati-Nya pada saat itu? Tentu saja tidak.

Sebagai pemimpin dari sekelompok kecil pengikut, Ia harus menjadi teladan dalam kehidupan untuk memberi dampak yang bertahan lama. Ini tidak mudah. Tetapi hasilnya setimpal.

DAMPAK MEMILIKI HARGA YANG HARUS DIBAYAR

Mudah-mudahan sekarang Anda menyadari bahwa menjalani kehidupan yang berdampak mungkin tidak memberikan penghargaan, pengakuan, atau ketenaran yang diharapkan sebagian orang. Selain itu, menjalani kehidupan yang berdampak akan merugikan Anda. Saya tahu. Ini tidak terlalu menghibur. Ini akan menghabiskan waktu Anda. Jika Anda memilih untuk berfokus pada orang-orang, Anda akan perlu menghabiskan waktu bersama mereka—waktu yang bisa digunakan di bidang lain atau melakukan hal yang lebih Anda sukai. Anda mungkin akan perlu mengeluarkan dana—berinvestasi dalam perkara, perjalanan, donasi, hadiah, dan sumber daya untuk orang lain. Dana ini seharusnya bisa digunakan oleh Anda untuk bidang lain atau barang atau pengalaman yang sangat menyenangkan. Terkadang Anda perlu mengorbankan hubungan. Dampak terkadang dapat berarti membela gagasan, moral, atau ide yang tidak disetujui semua pihak. Terkadang mereka yang tidak melihat sudut pandang kita adalah orang-orang terdekat kita, dan hubungan ini bisa rusak. Jenis-jenis ini adalah yang paling kurang mengenakkan.

Isadore "Issy" Sharp merupakan pendiri rantai hotel mewah Four Seasons. Jika Anda pernah menginap di Four Seasons, Anda akan tahu betapa bagusnya pengalaman tamu dan layanan pelanggan mereka. Mereka memiliki layanan telepon bebas biaya, dan pola pikir untuk melayani yang tertanam dalam diri karyawan Issy Sharp.

Issy dan istrinya, Rosalie, memiliki empat putra. Tragisnya, putra bungsunya Christopher meninggal karena kanker kulit pada usia delapan belas tahun pada tahun 1978. Hal ini sangat menghancurkan Issy dan keluarganya.

Tidak lama kemudian, Issy menerima telepon dari Peter Martin, wakil presiden regional baratnya di Vancouver, Kanada.

"Issy, ada seorang pemuda berusia dua puluh dua tahun bernama Terry Fox dengan satu kaki yang berencana untuk berlari melintasi Kanada untuk mengumpulkan uang bagi penelitian kanker. Ia berharap bisa mengumpulkan $1 juta. Apakah menurutmu Four Seasons bisa membantunya?" tanya Peter.

"Tentu. Ia dan timnya bisa menginap di hotel kita dan makan gratis di sepanjang rute," saran Issy.

"Ia akan menyukainya. Terima kasih, bos," jawabnya.

Issy merasa bangga dengan Terry karena mengambil inisiatif ini, dan ia sering memikirkan putranya Chris ketika ia berpikir tentang tujuan Terry. Beberapa minggu kemudian setelah Maraton Harapan dimulai, Issy dan Rosalie menghubungi Terry untuk melihat sejauh mana perkembangannya.

"Halo, Terry. Kami bangga padamu. Bagaimana maratonnya sejauh ini?" tanya Issy. Terry menjawab dengan suara kecil dan nada sedih.

"Baik-baik saja, saya rasa. Saya hanya mengira akan ada lebih banyak publisitas dan kesadaran," kata Terry.

Hati Issy hancur. Ia tahu betapa sulitnya secara fisik bagi seorang yang diamputasi untuk berlari maraton hampir seharian. Selain itu, ia tahu betapa Terry ingin mengumpulkan uang dan membangun kesadaran untuk mengalahkan kanker. Mode sedih Terry terlalu dalam untuk Issy.

"Saya akan melihat apa yang bisa saya lakukan," kata Issy.

Issy menutup telepon lalu beralih ke situasi yang memberi dampak. Ia menelepon Doug Hall, direktur periklanannya, untuk melakukan kampanye yang disebut "Mari Membuat Acara Lari Terry Bermakna," dan ia menantang perusahaan-perusaan di seluruh negeri untuk memberikan dua dolar untuk setiap mil yang Terry tempuh. Jika seribu perusahaan melakukan ini, mereka akan mampu mengumpulkan $10 juta.

Kampanye iklan ini hanya merupakan kesuksesan kecil. Saat Terry mendekati Quebec, Issy tahu ia perlu berbuat lebih banyak.

Ia lalu mengirim salah satu staf pemasarannya, Bev Norris, ke Montreal untuk mendukung upaya Cancer Society. Bev mampu membuat bintang sepak bola Don Sweet berlari bersama Terry ke Montreal. Ketika ia memasuki Ontario, Bev dan Four Seasons melepaskan ribuan balon untuk menyambutnya bersama gubernur dengan spanduk besar yang bertuliskan, "Selamat datang Terry. Kamu bisa melakukannya." Mereka bahkan meminta Terry untuk melakukan tendangan seremonial di sebuah pertandingan CFL di Ottawa.

"Satu hal lagi," kata Issy, "Saya akan mengadakan makan siang besar di Toronto dengan para pemilik bisnis yang sukses untuk mendengarkan Terry berbicara, mengumpulkan dana, dan memberinya dukungan tambahan."

"Seratus lima puluh orang?" tanyanya.

"Tidak, lima ratus," jawab Issy dengan percaya diri.

Dan Issy dan timnya berhasil melakukannya. Hampir semua undangan muncul pada makan siang tersebut.

Pidato Terry yang tenang namun kuat di Hotel Four Seasons Toronto membuat para peserta menangis. Komunitas bisnis terlibat dan memberikan dukungan yang Terry Fox butuhkan.

Setelah 431 hari, pada tanggal 10 September, 1980, ketika Terry baru saja keluar dari Thunder Bay, Ontario, ia tidak mampu terus berlari. Kanker telah menyebar ke paru-parunya, dan ia tidak mampu menahan rasa sakitnya. Mereka segera membawanya ke rumah sakit. Hingga saat itu, Terry telah berlari sejauh 5.373 kilometer (3.339 mil). Tidak sampai satu tahun kemudian, Terry meninggal dunia. Ia tidak mengumpulkan $1 juta. Maraton Harapan mengumpulkan lebih dari $23 juta tahun itu dan ini memunculkan legacy.

Di atas ranjang rumah sakit Terry, ada catatan dari Isadore Sharp yang ditempel di dinding:

"Kamu yang memulainya. Kami tidak akan berhenti sampai impianmu untuk menemukan obat kanker terwujud."

Issy dan tim Four Seasons, bersama dengan Canadian Cancer Society, membuat Terry Fox Run, acara lari tahunan untuk mengenang Terry Fox dan untuk terus mengumpulkan dana untuk penelitian kanker. Acara ini telah berjalan sejak 1981 setiap tahunnya, dengan jutaan peserta, dan telah mengumpulkan lebih dari $300 juta.

Isadore Sharp sangatlah sukses. Four Seasons merupakan ikon internasional untuk layanan dan kemewahan, dengan lebih dari tiga puluh ribu karyawan. Namun, dalam bukunya yang berjudul *Four Seasons*, teman lama Issy mengatakan bahwa Terry Fox Run yang berkelanjutan merupakan pencapaian yang paling dibanggakan oleh Isadore.

Akankah Maraton Harapan Terry Fox sesukses ini tanpa usaha yang investasi dari Isadore Sharp? Mungkin tidak. Ini membuat Isadore dan perusahaannya mengeluarkan banyak dana, bantuan dari rekan bisnis, dan waktu. Dampak memiliki biaya. Namun hasilnya setimpal.

Saya terinspirasi sebagai anak muda dengan melihat monumen Terry Fox dan berpartisipasi dalam Terry Fox Run setiap tahunnya. Kebanyakan orang tidak tahu peran yang dimainkan Isadore Sharp dalam kehidupan Terry Fox, tetapi inilah tipe pemimpin yang meninggalkan legacy.

Legacy adalah lamanya waktu dan jumlah orang yang terpengaruh oleh dampak yang Anda berikan. Ini merupakan cara untuk hidup dengan kepedulian terhadap orang lain. Dan ini merupakan kerja keras. Menempatkan kebutuhan, mimpi, dan harapan orang lain di atas Anda tidaklah wajar. Inilah mengapa hal ini menginspirasi.

KUNCI YANG PERLU DIINGAT

Jika Anda ingin menjadi pemimpin yang memberi dampak, ingatlah kebenaran ini.

1. **Dampak bukanlah tentang Anda.** Dampak adalah tentang mengutamakan orang lain di atas diri sendiri dan lakukan dengan niat.
2. **Dampak tidak mudah.** Sulit untuk menemukan waktu, miliki niat, atau mempertaruhkan reputasi Anda. Jika merupakan hal yang penting, pemimpin mencari cara untuk maju, dan inilah yang perlu Anda lakukan.
3. **Dampak memiliki harga yang harus dibayar.** Selalu diperlukan pengorbanan untuk menjadi pemimpin yang memberi dampak—menyumbangkan waktu dan dana yang Anda rasa tidak dapat Anda sisihkan, menghubungkan orang, atau mengorbankan kesenangan pribadi. Pengorbanan ini nyata, jadi jangan kaget jika ini ada harga yang harus dibayar. Rencanakan ini.

Saya hanya melukiskan gambaran yang indah tentang kepemimpinan dan dampak, bukan? Saya mengatakan pada Anda di awal bahwa ini bukanlah buku tentang bagaimana menjai sukses. Buku ini adalah tentang transformasi menjadi pemimpin yang memberi dampak. Ini adalah keputusan hidup. Dan ini adalah tentang menjalanan hidup yang berkelimpahan, karena inilah yang meninggalkan legacy.

Winston Churchill mengatakannya dengan sangat baik:

> "Kita hidup dari apa yang kita dapatkan. Kita menciptakan kehidupan dari apa yang kita berikan."

BAB 3

JADILAH DIRI SENDIRI. NAMUN LEBIH BAIK.

Saya merasa kepanasan. Kaki dan paru-paru saya terasa seperti terbakar. Dan saya akhirnya berhasil mencapai babak pertama dalam pertandingan sepak bola ini. Kami berkumpul sebagai satu tim. Saya memegang botol air minum saya dengan erat, menyemprotkan air ke mulut dan wajah saya.

"Braden!" pelatih saya memanggil. Tim saya berbalik dan menatap saya.

"Apa yang terjadi? Kamu malas-malasan di sana."

Saya menatapnya, tidak percaya dengan apa yang saya dengar. *Benar-benar!* Saya berkata pada diri saya sendiri. Saya memberikan semua yang saya miliki, dan pelatih yang tidak fit ini bahwa saya malas-malasan. Saya merasa sangat kesal.

Saya menahan dorongan untuk berdebat dengannya. Ia adalah pelatih, saya suka bermain dan tidak ingin duduk di bangku cadangan.

"Kamu perlu bermain lebih keras lagi. Kamu lebih baik dari ini. Dan saya butuh lebih banyak dari kamu," ia terus berteriak. Tiga kaki dari wajah saya.

Saya mengepalkan tangan dan menggigit bibir saya. Peluit dibunyikan tanda akan dimulainya babak kedua, dan saya bermain seperti orang yang kesetanan. Saya lupa akan rasa sakit di kaki saya ataupun paru-paru yang terbakar. Saya lebih agresif, lebih kuat dalam menguasai bola, menyerang, dan tidak kenal lelah dalam pengejaran saya.

Saya tidak percaya saya punya sesuatu yang lebih untuk diberikan. Tetapi entah bagaimana, saya memberi pelatih saya lebih banyak.

Barry MacLean adalah pelatih sepak bola putra universitas di Wilfrid Laurier University selama empat tahun saya berkuliah di sana. Ingat Kevin Shonk dari bab 1? Gaya melatih Barry sama sekali berbeda. Ia menegur saya dalam banyak kesempatan, mendorong dan menantang saya untuk meningkatkan permainan saya. Dan meskipun saya membencinya pada saat itu, yang ia lakukan berhasil; Barry tahu cara mengeluarkan yang terbaik dari saya.

Saya merasa seperti drummer dalam film *Whiplash* yang didorong dan dilecehkan secara emosional tetapi akhirnya meningkatkan permainannya. Hanya saja tidak sedramatis itu. Saya merupakan figuran di tim universitas. Tidak seperti kebanyakan pemain dalam tim, saya tidak direkrut untuk bermain. Saya hanya muncul ke uji coba terbuka pada awal tahun pertama saya di sekolah.

"Kamu bukan yang paling terampil, Braden, tetapi kamu cepat. Saya ingin kamu di tim, tetapi kamu mungkin tidak akan bermain," kata Barry di tahun pertama saya.

Ia benar. Saya tidak bermain dalam satu pertandingan pun pada tahun pertama. Saya bahkan tidak duduk di bangku cadangan. Lebih buruk dari itu, saya sebenarnya tidak pernah mengenakan seragam. Ini adalah apa yang disebut tim olahraga sebagai "redshirting". Saya ada dalam daftar tetapi hanya berlatih dengan tim, dan sering kali, saya tidak ikut pergi dengan mereka pada pertandingan tandang yang lebih lama. Ini membuat saya kembali rendah hati.

Anda berlatih, bekerja keras setiap hari sambil menyeimbangkan beban sekolah yang penuh, dan tidak pernah bermain pada pertandingan. Ada beberapa pemain lain yang ada di posisi ini. Beberapa bertahan, yang lainnya keluar. Apa yang akan Anda lakukan?

Saya bertahan, tetapi saya tahu saya harus menjadi lebih baik. Pelatih menerima saya karena kecepatan saya, jadi saya bertekad untuk tidak pernah kalah dalam latihan lari. Ketika pelatih meminta kami *run suicides*, yang berarti berlari bolak-balik di antara garis di lapangan, saya jarang— jika pernah—kalah. Yang lain akan bergantian beristirahat di antara set untuk menyimpan energi untuk mengalahkan saya. Saya menganggapnya sebagai tantangan dan selalu mengalahkan mereka.

Tim saya menjadi regu latihan. "Benchwarmer" dan "redshirt". Kami melawan pemain awal dalam latihan. Kami tidak ingin apa pun lebih dari mengalahkan mereka. Tim lain mungkin akan lebih santai pada pemain mereka sendiri atau tidak berusaha sekeras yang mereka lakukan dalam pertandingan. Bukan kami. Kami tidak kenal lelah dan, berkali-kali, lebih agresif dengan tim kami sendiri dibandingkan saat kami melawan tim lawan. Kami saling dorong, hidung berdarah karena terkena siku, atau perkelahian saat latihan setiap beberapa minggu. Intens, tetapi setelah latihan selesai, kami kembali berteman.

Budaya tanpa lelah dan kompetitif ini membuahkan hasil, dan tim kami menjadi lebih tajam dan lebih siap. Saya meningkat cepat sebagai pemain dan akhirnya mulai bermain pada tahun ketiga. Saya kemudian menjadi kapten tim di tahun keempat dan terakhir saya. Selain itu, kami memenangkan dua kejuaraan nasional dalam dua tahun terakhir saya bermain. Satu-satunya dalam sejarah universitas bahwa tim memenangkan kejuaraan sepak bola putra universitas.

Barry menuntut lebih banyak. Saya memberinya lebih banyak dan menjadi pemain dan pribadi yang lebih baik karenanya. Ia tidak memperlakukan semua pemain dengan cara ini. Sebagai pelatih berpengalaman, ia tahu cara memotivasi masing-masing pemain. Ia akan lembut dan berempati pada beberapa orang, dan pada yang lain, seperti saya, ia akan bersikap keras. Ia peduli pada para pemain, tetapi tugasnya bukanlah mendapatkan teman; ia ada di sana untuk mempersiapkan para pemain untuk menang.

Dan untuk menang dan menjadi juara, perlu lebih banyak lagi.

Ini jugalah yang diinginkan dunia dari Anda: lebih banyak. Karena inilah apa yang dibutuhkan dampak dan karena Anda mampu melakukannya. Keluarga, teman, kolega, dan karyawan Anda semuanya akan dengan senang hati mendapatkan lebih banyak dari Anda. Ya, kedengarannya menakutkan dan melelahkan, tetapi Anda bisa melakukannya.

JADILAH DIRI ANDA SENDIRI. HANYA LEBIH BAIK.

Ajaran dan mantra yang umum adalah menjadi diri Anda sendiri. Memang benar bahwa kita ingin menjadi otentik dan tidak berpura-pura menjadi sesuatu atau seseorang yang bukan kita. Ini sudah jelas. Menurut saya kemampuan dan perspektif unik setiap orang adalah apa yang membuat dunia ini lebih kaya. Poin yang saya ingin

Anda ambil adalah jangan pernah puas. Tidak ada batasan bagaimana orang dapat belajar dan berkembang. Saya ingin mengatakannya lagi: tidak ada batasan bagaimana orang dapat belajar dan berkembang. Di situlah Anda menjadi lebih baik. Jangan takut mendapat dorongan.

Yesus berusia sekitar tiga puluh tahun ketika Ia mulai berjalan dari desa ke desa mengajar tentang Tuhan dan tentang hidup. Ia mengumpulkan sekelompok kecil orang untuk mengajari mereka melakukan apa yang Ia lakukan, yaitu murid-murid-Nya. Mereka adalah gabungan dari nelayan, pemungut pajak, pemberontak, pencuri, dan orang-orang sederhana lainnya yang tidak Anda kira akan menjadi guru yang hebat.

Saat Yesus sedang mengajar sekelompok orang di sebuah desa, Ia menceritakan kisah ini pada mereka dan meminta orang-orang untuk memikirkan maknanya.

Suatu hari seorang penabur keluar untuk menabur. Pada waktu ia menabur, sebagian benih itu jatuh di pinggir jalan, dan burung memakannya. Sebagian jatuh di tanah yang berbatu-batu; benih itu segera tumbuh namun tidak berakar, jadi ketika matahari terbit, benih ini pun mati dengan cepat. Sebagian jatuh di tengah semak berduri; ketika benih ini tumbuh, semak ini menghimpitnya sampai mati. Sebagian jatuh di tanah yang baik dan menghasilkan panen melebihi impian terliarnya.[3]

Menurut Anda, tentang apa kisah ini, dan bagaimana hubungannya dengan menjadi orang yang memberi dampak?

Ini merupakan perumpamaan yang menarik, dan jika Anda bergumul dengannya, jangan merasa buruk. Murid-murid Yesus juga tidak mengerti dan harus bertanya pada-Nya tentang makna dari perumpamaan tersebut malam harinya secara pribadi.

Anda adalah tanahnya, dan jenis tanah yang Anda olah dalam hidup Anda akan menentukan apa yang Anda lakukan dengan ide dan pesan baru (yang merupakan "benih") dan apakah akan menghasilkan sesuatu yang berarti. Ada empat jenis tanah/manusia: jalan, berbatu, dengan ilalang, dan tanah baik.

- **Jalan adalah tanah yang keras.** Anda terpaku pada posisi dan cara berpikir Anda tentang suatu subjek, dan Anda tidak terbuka pada ide dan saran yang baru. Benih tidak dapat masuk, Anda langsung mengabaikannya, dan benih ini terlupakan. Hilang begitu saja.
- **Tanah berbatu adalah tanah campuran.** Anda membaca artikel terbaru, mencoba diet terbaru dengan harapan akan mendapatkan hasil yang lebih baik, pulang dengan bersemangat dari konferensi, tetapi perubahan atau perspektif baru ini tidak bertahan lama. Diet ini hilang begitu seseorang mengatakan hal yang buruk tentangnya. Saran yang dulunya Anda dengarkan ditinggalkan ketika teman dekat atau anggota keluarga Anda menertawakannya. Saran ini tidak berakar dalam hidup Anda, dan mulai menghilang.
- **Tanah dengan ilalang adalah tanah yang baik, tetapi penuh dengan gangguan (ilalang).** Ada terlalu banyak prioritas, terlalu banyak jalan yang ingin Anda coba; atau kerja keras untuk disiplin, menunda kepuasan, atau berenang melawan arus budaya populer ini terlalu besar. Ide atau pesan baru tenggelam dan tidak efektif. Anda memiliki niat yang baik tetapi tidak melakukan apa-apa untuk menunjukkannya.
- **Tanah yang baik dalam perumpamaan tersebut adalah tanah yang terbaik.** Tanah ini menerima pesan dengan terbuka, menginternalisasinya untuk menumbuhkan akar yang kuat, menghilangkan gangguan, berkomitmen, dan akhirnya melihat hasil yang jauh lebih besar dari yang dibayangkan.

Yesus sedang berbicara mengenai pesannya tentang mengenal Tuhan. Namun perumpamaan itu berlaku untuk semua pesan. Akan ada beberapa orang yang tidak pernah memilih untuk menerima kehidupan yang memberi dampak. Orang lain mungkin akan langsung menolak gagasan itu karena terlalu sederhana atau merasa itu bukanlah untuk mereka. Beberapa mungkin mendapatkan perspektif baru tetapi dengan cepat melupakannya saat kesibukan dalam hidup mengambil alih. Namun akan ada beberapa yang mengerti. Inilah para pemimpin yang siap untuk perubahan, untuk menerima tantangan, siap untuk berkumpul dengan orang lain yang memiliki pendapat yang sama dan menjalani hidup yang memberi dampak. Merekalah orang-orang yang akan melihat ke belakang dan melihat hasil luar biasa dari kerja keras mereka.

Pertanyaan yang perlu kita semua tanyakan pada diri kita sendiri adalah: Akan menjadi jenis apakah kita? Bisakah kita menjadi diri sendiri, tetapi lebih baik?

PERJUANGAN ADALAH BAGIAN DARI PROSES

Menjalani kehidupan yang memberi dampak menuntut Anda untuk menjadi lebih baik. Ini adalah kerja keras, dan bukan merupakan proses yang singkat, yang saya yakini sebagai alasan mengapa banyak orang tidak melakukannya. Jauh lebih mudah untuk menjalani hidup untuk diri sendiri dan fokus pada apa yang perlu Anda lakukan untuk bertahan hidup dan hidup untuk kesenangan pribadi atau gaya hidup. Tidak ada yang ingin bersusah payah.

Ayah saya menghabiskan empat puluh tahun sebagai arsitek lanskap untuk dua kotamadya. Pada awal tahun 1990-an, beliau merancang landskap untuk sekolah lokal dan memutuskan untuk membuat taman kupu-kupu dengan bermacam-macam bunga liar khusus yang akan menarik kupu-kupu. Beliau membuat papan pendidikan tentang tahap kehidupan kupu-kupu, dan sekolah dapat membuat kurikulum untuk para murid untuk belajar tentang serangga cantik ini. Ide ini disukai, dan banyak sekolah ingin ayah saya membuat taman kupu-kupu untuk sekolah mereka. Beliau kini menjadi pria kupu-kupu.

Suatu hari setelah pertandingan hoki, saya dan ayah saya berkendara melewati salah satu sekolah yang memiliki taman kupu-kupu yang beliau buat.

"Hei, Braden, ingin melihat-lihat taman yang Ayah buat di sekolah ini?" tanyanya.

"Tidak, tidak juga," jawab saya. Tidak banyak remaja laki-laki yang memanfaatkan peluang ini, dan saya merupakan salah satunya.

"Bagus!" katanya, sambil berbelok tajam ke kiri menuju tempat parkir sekolah.

Kami turun dari mobil dan berjalan ke samping sekolah tempat taman tersebut berada. Taman itu dipenuhi bunga liar yang tumbuh di kotak-kotak besar dengan jalan setapak di sekitarnya. Saya harus mengakui bahwa saya merasa terkesan. Saya berjalan ke salah satu bagian taman di mana saya menemukan kepompong yang tergantung di salah satu tanaman tinggi. Saya mencondongkan tubuh lebih dekat dan melihat kepompong itu terus bergerak. Kepompong itu terlihat siap dan terus mencoba untuk keluar. Saya perlahan-lahan mulai menarik kepompong tersebut.

"Jangan sentuh itu!" ayah saya berteriak.

"Mengapa tidak? Ia ingin keluar," jawab saya.

"Ulat harus berjuang untuk keluar dari kepompongnya untuk mem-bangun otot yang tepat sehingga bisa terbang," beliau berkata. "Jika kamu membantunya, ia akan jatuh dari kepompong dan menjadi makan siang pemangsa."

"Begitu," kata saya.

Saya pikir saya melakukan sesuatu yang membantu. Saya tidak menyadari bahwa perjuangan itu merupakan hal yang diperlukan bagi kupu-kupu tersebut. Ini merupakan salah satu pelajaran yang tidak pernah saya lupakan dari ayah saya, dan saya sangat bersyukur beliau meluangkan waktu untuk belok kiri ke tempat parkir sekolah pada hari itu.

Perjuangan adalah bagian dari proses untuk menjadi lebih baik. Proses ini membutuhkan kerja keras dan rasanya tidak nyaman, inilah sebabnya kebanyakan orang berada dalam taraf tanpa kemajuan. Saya yakin ulat akan menyambut baik bantuan tersebut. Tetapi ini hanya karena ulat tidak dapat melihat gambaran yang lebih besar atau memiliki kebijaksanaan untuk mengetahui yang terbaik.

Seberapa sering kita seperti ulat? Hidup ini semakin sulit. Bisnis atau pekerjaan Anda sedang berada dalam masa yang sulit. Dana yang ada terlalu pas-pasan. Hubungan dengan pasangan atau anak atau anggota keluarga lain tidak baik. Ini adalah perjuangan yang nyata. Sangat mudah untuk mengeluh atau terjebak dalam mengasihani diri sendiri atau menyalahkan orang lain dan terkadang bahkan menyalahkan Tuhan atas situasi yang kita hadapi.

Sebenarnya pada saat inilah kita mengalami pertumbuhan terbesar sebagai seorang pemimpin. Kita mengembangkan otot mental tentang cara bertahan, belajar, dan tumbuh sehingga kita dapat memberi dampak pada orang lain yang akan menghadapi situasi serupa dalam karir dan kehidupan mereka sendiri.

Kita mungkin pernah mendengar kutipan "Tidak ada hasil tanpa pengorbanan." Saya tahu ini benar, tetapi di masa sulit saya, saya mengubah pernyataan ini menjadi: "Fokus pada keuntungan untuk melewati rasa sakitnya."

Jika Anda terus berfokus pada hasil yang akan Anda dapatkan pada akhirnya, rasa sakit dalam proses ini terasa lebih bisa dikendalikan. Membayangkan penurunan berat badan dan energi yang lebih tinggi membuat Anda dapat menjalani diet saat ini. Membayangkan pernikahan Anda yang megah dan hidup dapat membantu Anda melewati masa sulit yang mungkin sedang Anda hadapi. Membayangkan bisnis berkembang, menguntungkan, dan membantu orang lain membuat Anda dapat melewati malam yang larut dan kemunduran yang saat ini sedang Anda hadapi.

Dalam banyak kasus, kita tidak selalu dapat mengubah keadaan kita, namun kita dapat mengubah perspektif dan sikap kita terhadapnya. Kita dapat menyadari bahwa perjuangan adalah bagian penting dalam perjalanan—bagian yang diperlukan. Dan kita dapat menerimanya.

JANGAN MENJADI PEMIMPIN YANG MENYELAMATKAN

Sama pentingnya dengan perjuangan yang penting untuk pertumbuhan diri Anda, penting untuk memberikan ruang bagi orang lain untuk bertarung dalam pertarungan mereka sendiri. Ini mungkin merupakan hal yang sulit bagi kebanyakan dari kita. Jika Anda melihat seseorang tenggelam, ya, Anda harus menyelamatkannya. Namun bagaimana jika mereka terus tenggelam setiap minggunya, dan mereka mengharapkan Anda (atau orang lain) untuk menyelamatkan mereka setiap kali mereka tenggelam? Tidak seburuk itu, bukan? Anda peduli pada mereka. Anda mampu melakukannya. Mereka aman karena tindakan yang Anda ambil. Jadi apa salahnya?

Dalam psikologi, hubungan ketergantungan terjadi ketika Anda melakukan sesuatu untuk seseorang yang seharusnya dapat mereka lakukan sendiri. Anda tidak akan menjadi pemimpin yang memberi dampak pada tingkat tinggi jika Anda menciptakan hubungan ketergantungan dan tidak dapat mendelegasikan. Hubungan ini membatasi kemampuan Anda untuk berkembang dan memperlebar jangkauan.

Sebagai seorang pemimpin, membantu dapat merusak, dan ini adalah salah satu pelajaran yang sulit untuk saya pelajari. Sama seperti saya ingin membantu ulat untuk keluar dari kepompongnya ketika saya masih remaja, saya menyadari bahwa, dari waktu ke waktu, saya membantu karyawan saya dan bahkan anak saya ketika saya tidak seharusnya melakukannya. Ketika saya merasa stres atau berada di bawah tekanan, saya menjadi pemimpin yang membantu, dan saya membencinya.

Misalnya, di perusahaan saya, kami mempekerjakan banyak karyawan yang cerdas dan menjanjikan. Beberapa dari mereka masih muda dengan pengalaman terbatas, dan yang lainnya telah memiliki pengalaman selama bertahun-tahun, tetapi sebagian besar masih baru jika kita berbicara tentang bekerja di sebuah agensi. Ini adalah lingkungan yang bergerak cepat dan mengharuskan Anda untuk menghasilkan dengan cepat dan berkualitas tinggi. Jika saya memberi karyawan baru saya strategi pemasaran untuk diselesaikan, saya biasanya mendapatkan kembali draf pertama tersebut, dan draf tersebut buruk. Saya memberikan umpan balik dan mencoba melatih mereka ke arah yang benar. Tenggat waktu untuk klien tersebut tiba tidak lama lagi. Saya bertemu dengan karyawan baru itu lagi untuk meninjau draf kedua. Sudah lebih baik tetapi tidak cukup baik. Sekarang karyawan tersebut dan saya sama-sama merasakan tekanan karena kami ingin melakukan pekerjaan dengan baik.

"Biar saya yang melanjutkannya dari sini," saya berkata padanya. "Baiklah. Terima kasih," katanya dengan perasaan lega.

Saya bekerja hingga larut malam untuk menyelesaikannya, Ini merupakan strategi yang sangat baik, dan kami mempresentasikannya pada klien tersebut, yang menyukai ide dan arahnya.

Proyek strategi berikutnya muncul. Karyawan ini membuat draf pertama, dan draf ini mirip dengan draf pertama yang sebelumnya ia buat dari strategi sebelumnya. Masih membutuhkan banyak perbaikan. Untuk mempersingkat waktu dan karena ingin memberikan hasil yang memuaskan, saya mengambil alih pekerjaan ini lagi. Dan siklus ini terus berlanjut.

Anda mungkin berpikir siklus dan apa yang saya lakukan ini gila. Ya, ini gila. Ini sebenarnya tidak waras. Berpikir saya akan mendapatkan hasil yang baik dengan melakukan hal yang sama. Namun banyak pemimpin yang bekerja dengan saya melakukan hal yang sama, memperbolehkan karyawan untuk bergantung pada mereka. Hal ini mungkin terasa menyenangkan, merasa dibutuhkan atau mengetahui bahwa Anda melakukan pekerjaan dengan baik, tetapi ini membatasi. Hal ini menghambat pertumbuhan organisasi dan untuk individu yang terlibat. Ya, ini bahkan menghambat pertumbuhan pemimpin karena mereka harus melakukan kegiatan yang mampu dilakukan sendiri orang orang lain, sehingga mereka tidak dapat bekerja atau berkembang di bidang lain secara maksimal.

Posisi pemasaran pertama saya adalah dengan Procter & Gamble ketika saya berada di bangku kuliah selama dua musim panas. Saya ingat dahulu saya merasa bangga bahwa saya mendapatkan posisi yang didambakan di perusahaan terkemuka pada usia yang begitu muda. Saya ditempatkan di merek pengharum pakaian Bounce and Downy di divisi laundry. Manajer saya adalah seorang pria yang berbakat, cerdas, dan mudah didekati bernama Jeff Straker. Ia juga secara blak-blakan menyatakan bahwa ia gay, yang bukan merupakan hal yang biasa di akhir tahun 1990-an, jadi ia memiliki karakter yang kuat dan percaya diri.

"Ini adalah tugas yang saya ingin Anda selesaikan," kata Jeff pada saya di kantornya.

"Baik. Ini akan menjadi tugas yang bagus dan akan membuat saya sibuk musim panas ini," kata saya dengan percaya diri.

"Musim panas? Untuk minggu ini," jawabnya dengan serius.

"Oh, benar. Tentu saja." Mata saya melotot keluar wajah saya seperti rusa yang melihat lampu depan mobil.

"Braden, lakukan semampumu dan tunjukkan ke saya setiap harinya selama lima menit untuk memastikan kamu berada di jalur yang benar. Mulai lakukan," katanya.

Saya meninggalkan kantornya dan mulai mengerjakan tugas pertama saya. Bertekad untuk membuat kemajuan besar dan menunjukkan ke manajer baru saya bahwa saya adalah seorang bintang, saya mengerjakannya hingga larut malam. Saya kembali keesokan paginya untuk menunjukkan tugas saya dan mendengar pujian atas progres saya.

Ia merobeknya.

"Alasanmu tidak bersumber. Bahasanya pasif. Strukturnya tak menentu dan terlalu bertele-tele," katanya sambil mengeluarkan pulpen Bic merahnya dan menandai seluruh laporan saya.

Jantung saya berdebar kencang. Saya frustrasi, bingung, dan membutuhkan bantuan. Namun bantuan itu tidak pernah datang. Saya mengerjakan tugas itu lagi hingga larut malam dan menunjukkannya ke Jeff keesokan harinya.

"Ini lebih baik tetapi masih membutuhkan banyak perbaikan," katanya.

Saya merasa ingin mati saat itu. Saya menyampaikan pidato perpisahan di sekolah menengah saya. Saya mendapatkan nilai yang baik di universitas, tetapi saya belum siap untuk "dunia nyata" ini. Saya terjebak dalam kepompong P&G ini. Saya berjuang untuk menemukan jalan melaluinya. Jeff tidak pernah membantu saya melewati kepompong itu. Saya membencinya. Saya menyalahkannya karena tidak membantu saya lebih banyak dan mengambil alih sebagian beban saya.

Namun saya berhasil melaluinya. Saya akhirnya mengalami peningkatan dan menjadi jauh lebih efisien. Saya kembali ke sekolah pada musim gugur dan dinilai lebih siap dibandingkan siswa lainnya. Etos kerja saya lebih kuat, memungkinkan kinerja yang lebih baik dan membangun fondasi untuk karir pemasaran yang sukses.

Jeff tidak menyelamatkan saya. Dan perjuangan saya membuat saya menjadi lebih baik.

Saat Anda membaca buku ini dan berpikir tentang hidup Anda untuk masuk ke bagian selanjutnya, saya ingin Anda tahu bahwa saya tidak akan menyelamatkan Anda. Dunia ini membutuhkan pemimpin, seperti Anda, yang akan memberi dampak pada orang lain. Anda tidak akan pernah sampai di sana jika Anda tidak bekerja keras atau berjuang melalui pertanyaan-pertanyaan sulit.

Ini bukan merupakan buku panduan di mana saya memberitahu Anda lima langkah untuk memberi dampak. Bukan begitu cara kerja kehidupan nyata. Ini juga bukan tentang bagaimana pemimpin dibentuk. Tujuan dari buku ini adalah untuk memberikan wawasan, inspirasi, dan kunci untuk membantu Anda menentukan bagaimana Anda akan melakukannya. Anda akan memberikan dampak unik pada dunia, dan tugas saya adalah mencoba untuk mengeluarkan potensi itu dari Anda.

KUNCI YANG PERLU DIINGAT

Saya ingin Anda menjadi diri Anda sendiri, namun lebih baik. Selalu ingat:

- Anda perlu berkomitmen pada proses dan bekerja keras.
- Rangkul perjuangan di dalam kepompong. Perjuangan ini diperlukan untuk transformasi.
- Jangan ingin diselamatkan atau mengambil jalan pintas. Dan jangan menyelamatkan mereka yang berada di bawah kepemimpinan Anda.
- Bayangkan keuntungan yang akan Anda dapatkan untuk melewati dan mengatasi rasa sakit. Ingatlah hasil yang akan Anda dapatkan. Menjadi pemimpin yang memberi dampak merupakan hal yang penting bagi orang-orang yang Anda sayangi, dan juga penting bagi dunia.

Semakin tinggi Anda naik sebagai seorang pemimpin, semakin besar perjuangan yang harus Anda lalui. Gagasan ini ditangkap dengan indah oleh James Allen dalam bukunya *As a Man Thinketh*: "Ia yang mencapai sedikit hal membutuhkan sedikit pengorbanan; ia yang mencapai banyak hal harus mengorbankan banyak hal. Ia yang mencapai banyak hal harus berkorban sangat banyak."

Terima kesulitan tersebut. Bersandarlah pada pengorbanan. Belajar dari keduanya. Ini akan memperkuat dan mengembangkan otot Anda sehingga Anda dapat terbang lebih tinggi lagi.

BAB 4

MODEL LEADERIMPACT

Saya sedang berdiri di depan sebuah ballroom hotel di Calgary, Alberta, menjawab pertanyaan dari beberapa orang setelah inti yang saya berikan pada para pemimpin di area tersebut.

"Saya paham tentang kepemimpinan, tetapi apa sebenarnya arti dampak bagi saya?" Seorang pemimpin muda bertanya pada saya.

Ia tinggi dan berpakaian rapi dengan warna kulit gelap yang menegaskan asalnya dari Timur Tengah. Saya bisa menilai dari bagaimana ia berbicara dan percaya dirinya bahwa ia berasal dari keluarga yang baik dan bertekad untuk sukses dalam hidupnya.

Saya tidak ingat jawaban lengkap yang saya berikan padanya, tetapi saya tahu itu tidak cukup baik. Jawaban saya penuh dengan jargon, seperti "memberdayakan", "kegigihan", "pengaruh", atau segudang kata kunci kepemimpinan lainnya. Terkadang jika kita menggunakan kata-kata tersebut dengan semangat dan keyakinan, orang-orang akan merasa puas, dan kita dapat lolos dengannya.

"Baiklah," katanya dengan sopan. "Terima kasih atas waktu Anda." Dan ia berjalan menjauh, tetapi saya tahu ia tidak puas dengan jawaban saya.

Saya tidak bisa lolos dari ini.

Saya tahu pemimpin muda ini, seperti banyak pemimpin lainnya, benar-benar menginginkan kejelasan tentang pertanyaan mengenai dampak. Ini adalah pertanyaan yang terus ada dalam benak saya, terutama mengetahui bahwa saya memiliki jadwal seminar di beberapa minggu ke depan untuk kelompok pemimpin lainnya.

Akhirnya, pada suatu pagi, saya sedang berada di ruang kerja di rumah merencanakan seminar saya yang akan datang. Saya memulai perencanaan saya dengan berpikir tentang audiens dan organisasi yang mengundang saya. Dalam hal ini, organisasi yang mengundang saya adalah LeaderImpact. Sebuah organisasi yang telah mengumpulkan, menantang, dan mendukung para pemimpin dalam kelompok dan acara untuk memikirkan kehidupan mereka secara holistik untuk memberi dampak yang mengubah dunia. Saya telah menjadi relawan bersama mereka selama lebih dari satu dekade, dan mereka adalah mitra saya dalam buku ini.

Apa yang ingin dicapai LeaderImpact dari acara dimana saya sebagai pembicara? Siapa audiensnya? Di mana posisi mereka dalam hidup? Apa yang akan membantu mereka untuk sukses?

Saya tidak dapat melupakan pertanyaan sebelumnya dari pemimpin muda di Alberta. Saya menulis satu pernyataan: "Dari mana dampak berasal?" Saya menulis "hasil" namun dengan cepat mencoretnya. Hasil bukanlah tujuan. "Siapa pemimpin yang memberi dampak pada orang lain?" Saya lagi berpikir tentang para pemimpin hebat dalam sejarah dan pemimpin lainnya yang telah memberi pengaruh dalam hidup saya. Saya menulis tiga poin dan menggambar lingkaran di sekitar poin ini dan menyadari bahwa saya sedang membuat diagram Venn.

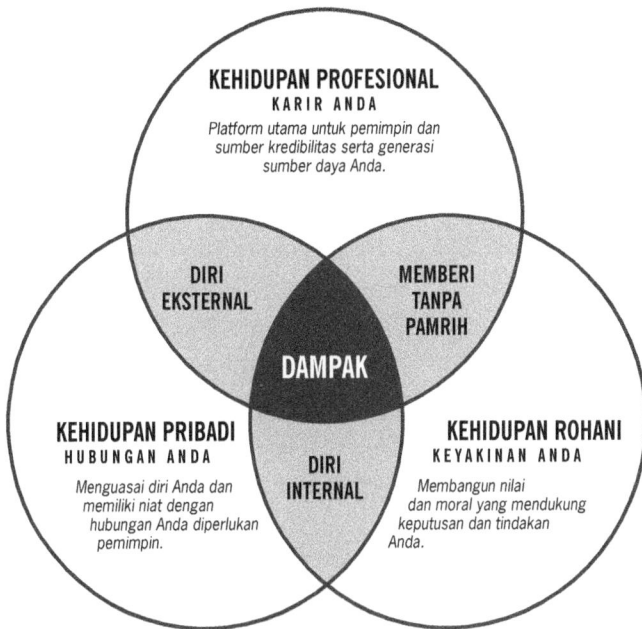

KEHIDUPAN PROFESIONAL
KARIR ANDA

Platform utama untuk pemimpin dan
sumber kredibilitas serta generasi
sumber daya Anda.

DIRI EKSTERNAL

MEMBERI TANPA PAMRIH

DAMPAK

KEHIDUPAN PRIBADI
HUBUNGAN ANDA

Menguasai diri Anda dan
memiliki niat dengan
hubungan Anda diperlukan
pemimpin.

DIRI INTERNAL

KEHIDUPAN ROHANI
KEYAKINAN ANDA

Membangun nilai
dan moral yang mendukung
keputusan dan tindakan
Anda.

DIRI EKSTERNAL GAMBAR ANDA	**DIRI INTERNAL** KARAKTER ANDA	**MEMBERI TANPA** PAMRIH
Bagaimana Anda ingin dunia melihat, memahami, dan terlibat dengan Anda.	Pemikiran dan motif Anda dalam tindakan Anda terhadap orang lain.	Menyelaraskan karier dengan keyakinan Anda memberikan motivasi intrinsik yang dalam dan usia panjang.

DAMPAK
LEGACY ANDA

Integrasi dan optimisasi dari Kehidupan
Profesional, Personal, dan Rohani Anda.

Selama beberapa minggu berikutnya, saya mulai mengumpulkan umpan balik tentang teori ini dari berbagai pihak. Saya menyempurnakannya lebih lanjut. Dengan diagram yang lengkap, saya menggunakannya sebagai konten utama dalam presentasi inti di acara tersebut. Asal tahu saja, ini merupakan hal yang berbahaya untuk dilakukan, karena materi baru selalu lebih sulit dipresentasikan sebagai inti. Hasilnya? Saya tidak mengira akan sangat menakjubkan. Diagram ini jelas dalam pikiran saya ketika saya mempresentasikannya, dan umpan balik dari staf LeaderImpact dan para pemimpin yang hadir sangat kuat.

Kami dalam proses untuk menemukan sesuatu yang penting. Dalam setahun berikutnya, saya bersama dengan staf LeaderImpact, beberapa pemimpin tingkat atas, dan pelatih eksekutif menyempurnakannya lebih baik lagi. Model ini kini tergabung sebagai pelatihan "Foundations" inti untuk para pemimpin ketika mereka bergabung dengan LeaderImpact.

Ini sederhana tetapi tidak mudah. Artinya sederhana untuk mengerti dan memahami konsep tetapi tidak mudah untuk menerapkannya dalam hidup Anda. Saya rasa Anda bisa menyebutnya lebih mudah diucapkan dari pada dilakukan. Inilah mengapa Anda sangat disarankan untuk berada dalam komunitas dengan orang lain ketika Anda melakukannya.

Model LeaderImpact didasarkan pada dasar pemikiran bahwa DAMPAK terjadi ketika kehidupan pribadi, profesional, dan spiritual seorang pemimpin sepenuhnya optimal dan terintegrasi.

Yang penting bukan tentang *apa* yang Anda lakukan, melainkan *siapa* Anda. Saya akan mengulanginya lagi karena para pemimpin biasanya memberi penekanan besar pada apa yang mereka lakukan. Dampak lebih berkaitan dengan *siapa Anda* dibandingkan dengan *apa yang Anda lakukan.* Jika Anda merupakan pemimpin yang memberi dampak, Anda akan melakukannya terlepas dari peran, kegiatan ataupun pekerjaan Anda.

Harapan saya adalah buku ini membantu Anda beralih dari apa ke siapa. Dampak tidak melakukan daftar kegiatan dengan formula untuk memberikan hasil dengan jenis tertentu. Pertanyaan siapa adalah yang pertama. Siapa Anda? Apakah Anda ingin menjadi pemimpin yang memberi dampak? Bagaimana Anda menjadi orang yang lebih baik? Pemimpin yang lebih baik? Lalu dilanjutkan dengan "Dengan siapa Anda memberi dampak? Mengapa mereka penting untuk Anda? Mengapa memberi dampak bersama mereka penting bagi dunia?"

Model LeaderImpact dan contoh serta kisah berikutnya hanya ada untuk membantu Anda melalui ini sehingga pemikiran dan filosofi berakar dalam hidup Anda. Setelah akarnya kuat, maka pertumbuhan akan terjadi, dan inilah saat Anda dapat melihat hasilnya.

Saya akan memandu Anda melalui model di tingkat atas sebelum kita membahas setiap bagian secara mendetail di bab 5 sampai 10. Ada banyak hal di sini, jadi luangkan waktu Anda untuk membaca bagian-bagian tersebut. Pastikan Anda memahaminya. Bab-bab selanjutnya akan membahas cara memaksimalkan setiap bagian untuk menciptakan dampak, tetapi ringkasan tingkat atas ini adalah inti konseptual dari model.

KEHIDUPAN PROFESIONAL

Ini adalah karier Anda. Rata-rata, Anda akan menghabiskan sembilan puluh ribu jam atau kira-kira sepertiga dari hidup Anda di tempat kerja. Jika Anda seperti saya, Anda mungkin bahkan menghabiskan lebih dari itu. Dan ini bahkan tidak termasuk waktu yang Anda gunakan untuk memikirkan pekerjaan Anda ketika Anda tidak berada di kantor. Dengan begitu banyaknya waktu yang diinvestasikan dalam karier Anda, Anda dapat melihat mengapa dan bagaimana identitas Anda dapat menjadi apa yang Anda lakukan. Ini juga merupakan area yang kritis bagi para pemimpin karena platform Anda untuk kredibilitas dan pengaruh terhadap orang lain biasanya muncul dari profesi Anda. Abraham Lincoln menjadi pemimpin yang dikagumi karena pendirian moralnya tentang isu-isu seperti isu perbudakan atau karena merupakan suami yang baik. Ia dikagumi karena ia merupakan presiden Amerika Serikan dan memiliki pengaruh besar dalam kehidupan jutaan orang. Etika moral dan karakter pribadinya yang kuat memberikan pengaruh yang lebih besar, yang mampu mengubah dunia Barat.

Di mana pun Anda berada dalam hidup dan karier, Anda dapat berfokus untuk memberi dampak. Semakin profesional Anda dan semakin tinggi posisi yang Anda duduki, semakin besar platform atau kesempatan untuk dampak tersebut. Oleh karena itu, sangat penting untuk selalu belajar dan mengasah keterampilan dan pengetahuan Anda agar Anda dapat memberi dampak yang lebih besar di dunia ini.

KEHIDUPAN PRIBADI

Ini adalah ciri-ciri dari hubungan Anda. Dimulai dengan mengenal diri Anda sendiri dan bagaimana Anda berperilaku, berpikir, dan menjaga kesehatan mental Anda. Ini kemudian berpindah ke hubungan yang Anda miliki dengan orang lain—dari rekan kerja ke teman ke keluarga dan seterusnya. Menguasai diri sendiri dan melakukannya dengan niat dalam menjalani hubungan dalam hidup Anda adalah titik awal untuk dampak. Jika Anda tidak dapat memberi dampak pada orang-orang terdekat Anda, Anda tidak akan dapat memberi dampak pada orang banyak. Ini dimulai dari hal kecil dan mengalir ke luar.

KEHIDUPAN ROHANI

Ini adalah keyakinan Anda. Nilai dan moral yang mendukung pengambilan keputusan Anda memiliki pengaruh yang luar biasa pada hasil kehidupan personal dan profesional Anda. Bagian ini mendorong dan menentukan motif dan definisi Anda untuk sukses dan untuk dampak. Setiap pemimpin memilih satu sistem kepercayaan untuk diikuti, baik sadar atau tidak. Ini meruapakan sebuah perjalanan bagi saya, seperti juga bagi banyak orang lainnya. Ketika saya memahami siapakah Tuhan itu dan mengapa hubungan yang nyata dengan-Nya itu penting, saya akhirnya mampu melihat melampaui diri saya ke apa yang dibutuhkan oleh orang lain. Dampak bukanlah tentang Anda. Anda dapat memahaminya di luar kepala, tetapi gagasan ini perlu dirasakan dalam jiwa Anda agar dapat dihayati dan dihidupi setiap harinya.

Persimpangan antara rangkaian kehidupan ini dan bagaimana mereka berhubungan satu sama lain akan memberikan wawasan yang lebih dalam untuk membantu Anda sebagai seorang pemimpin.

DIRI EKSTERNAL (PROFESIONAL DAN PRIBADI)

Ini adalah citra Anda. Diciptakan dari Kehidupan Profesional dan Pribadi Anda dan menentukan cara orang melihat, memahami, dan terlibat dengan Anda. Ini merupakan kumpulan interaksi dan informasi yang membentuk opini tentang reputasi atau identitas Anda. Misalnya, Bunda Teresa memiliki citra yang sangat berbeda dalam benak Anda dibandingkan dengan, katakanlah, Donald Trump, walaupun kemungkinan besar Anda belum pernah bertemu salah satu dari mereka. Diri Eksternal terhubung dengan apa yang kita lakukan dalam hidup kita. Kita semua mencoba untuk mengatur citra ideal kita untuk dunia luar. Media sosial dan teknologi adalah jalan keluar baru untuk memungkinkan hal ini terjadi, dan hasilnya cukup menakjubkan. Namun, ada juga sisi negatifnya. Citra apa yang Anda coba buat? Untuk siapa? Bagaimana Anda membandingkan diri Anda dengan orang lain? Apakah Anda cukup baik?

Jika Anda membangun citra untuk penghargaan dan keuntungan pribadi, ini akan membuat Anda merasa cemas, terrekan, dan putus asa. Tidak ada yang ingin melihat orang berjuang untuk mendapatkan banyak *like* di media sosial atau mengikuti pemimpin yang berpolitik di dalam organisasi untuk mencuri awal. Mengelola dan membangun identitas otentik di atas dasar tujuan sangat penting untuk dampak.

DIRI INTERNAL (PRIBADI DAN ROHANI)

Ketika Kehidupan Pribadi dan Rohani Anda bersatu, ini akan membentuk Diri Internal. Ini adalah karakter Anda. Jika Diri Eksternal adalah tentang *apa* yang Anda lakukan, Diri Internal menentukan *mengapa* Anda melakukannya. Keinginan, motif, pikiran, dan ambisi Anda semuanya diarahkan oleh nilai-nilai, keyakinan, dan pandangan dunia rohani Anda. Siapa Anda ketika tidak ada orang di sekitar Anda? Apa yang Anda pikirkan? Mengapa Anda ingin memiliki lebih banyak?

Jika motif Anda untuk memberi dampak tidak datang dari kepedulian dan motivasi yang dalam untuk orang lain, Anda tidak akan bisa memberi dampak yang bertahan lama.

MEMBERI TANPA PAMRIH (PROFESIONAL DAN ROHANI)

Ketika Kehidupan Rohani Anda melibatkan keterampilan, pengetahuan, dan pengalaman Anda dari Kehidupan Profesional, ini adalah saat orang-orang mendapatkan manfaat dari kepemimpinan Anda. Ini adalah kontribusi Anda pada dunia. Memberi tanpa pamrih membentuk *bagaimana* Anda melakukan sesuatu dan menjalani kehidupan yang memberi dampak. Ini tidak berarti Anda harus bekerja di organisasi nonprofit atau tidak boleh berfokus pada keuntungan atau hasil bisnis. Setiap perkara memerlukan sumber daya untuk sukses. Sepanjang sejarah, para pemimpin telah menyediakan koneksi dan sejumlah besar uang untuk mendorong tujuan besar ke depannya. Ini merupakan hak istimewa yang luar biasa tetapi juga membutuhkan pengorbanan besar untuk memberikan diri Anda sendiri dalam jumlah besar.

Ketika Anda memahami dan menerima tujuan Anda, motivasi dan dorongan Anda diimbangi dengan pola pikir rasa belas kasihan, kepedulian terhadap orang lain dan lingkungan, dan keinginan untuk menggunakan dan pengaruh untuk memberi dampak.

DAMPAK (KOMBINASI LENGKAP)

Ini adalah titik temu penuh antara Kehidupan Profesional, Pribadi, dan Rohani. Ini merupakan kehidupan yang terintegrasi. Ini adalah *apa* yang Anda lakukan, *mengapa* Anda melakukannya, dan *bagaimana* Anda melakukannya, yang menciptakan *impact* dalam kehidupan orang lain. Pengaruh Anda menyebabkan pemikiran, keyakinan, sikap, dan tindakan positif yang mengarah pada hasil yang lebih baik untuk diri Anda sendiri, keluarga, teman, rekan kerja, komunitas, dan masyarakat pada umumnya. Bukankah ini luar biasa? Bukankah ini layak sebagai tujuan hidup? Jika kita berkorban untuknya?

Dampak pada akhirnya merupakan legacy yang Anda tinggalkan untuk dunia ini.

Harap diingat bahwa Model LeaderImpact hanyalah sebuah kerangka kerja untuk membantu Anda, sebagai seorang pemimpin, untuk berpikir tentang komponen-komponen dalam hidup Anda untuk mempengaruhi pemikiran, perilaku, dan keputusan positif. Ada banyak buku dan penulis yang memiliki kerangka kerja yang membantu. Menurut pengalaman saya, yang penting bukanlah model yang Anda pilih untuk diikuti. Yang sebenarnya menciptakan hasil adalah apa yang dikerjakan dalam kerangka kerja ini. Tindakan dan eksekusi adalah yang terpenting. Kerangka kerja hanya membantu mengkomunikasikan dan mengorganisasi informasi sehingga dapat menjangkau ratusan kelompok dan ribuan pemimpin yang ingin menjadi pemimpin yang berpengaruh.

Bab-bab berikutnya akan memulai perjalanan Anda untuk menilai dan memahami bahwa dampak adalah hasil dari kehidupan yang terintegrasi. Seperti yang telah saya katakan sebelumnya, memahami DAMPAK itu mudah, tetapi menjalankannya tidak mudah. Peran saya adalah untuk membantu Anda tumbuh dan berkembang sehingga Anda bisa menjadi pemimpin yang memberi dampak.

ASESMEN LEADERIMPACT

Anda pernah mendengar pepatah Cina, "Perjalanan ribuan mil dimulai dari satu langkah"? Ini adalah pengingat bahwa walaupun perjalanannya panjang, Anda hanya perlu memulainya, dan tindakan spontan itu kecil. Ini adalah hidup Anda. Ini mungkin membutuhkan waktu singkat ataupun lama, tetapi Anda perlu mengambil tindakan. Memulainya dengan langkah kecil adalah cara yang terbaik. Fakta bahwa Anda masih bersama saya hingga saat ini berarti Anda siap untuk mengambil langkah yang diperlukan untuk membuat perubahan. Keputusan terbesar yang harus diambil sekarang adalah ke arah mana Anda pergi dan bidang yang Anda fokuskan.

Asesmen LeaderImpact dapat membantu Anda dalam hal ini. Di bagian belakang buku atau melalui online di LeaderImpact.com ada asesmen yang dikembangkan untuk membantu para pemimpin menilai hidup mereka dalam konteks Model LeaderImpact. Pertanyaan-pertanyaan ini dirancang untuk membantu Anda memikirkan ketiga area kehidupan (profesional, pribadi, dan rohani) yang lebih dalam dan untuk memberikan tolak ukur praktis untuk melacak kemajuan. Anda dapat menjawab pertanyaan ini di buku atau melalui online. Versi online langsung memberi Anda hasil dan membandingkan skor Anda dengan para pemimpin dari seluruh dunia sehingga Anda dapat melihat di mana Anda berada. (Oh, ayolah—saya tahu Anda memiliki sisi kompetitif, dan Anda tertarik untuk melihat statistik Anda.) Isi survei ini sebelum Anda melanjutkan ke bab berikutnya; survei ini akan memberi Anda pemahaman yang tajam tentang pemimpin seperti apakah Anda saat ini dan membantu Anda memahami konsep-konsep yang dibahas selanjutnya di buku ini.

Setelah Anda menyelesaikan survei dan siap untuk mempelajari modelnya, teruskan membaca.

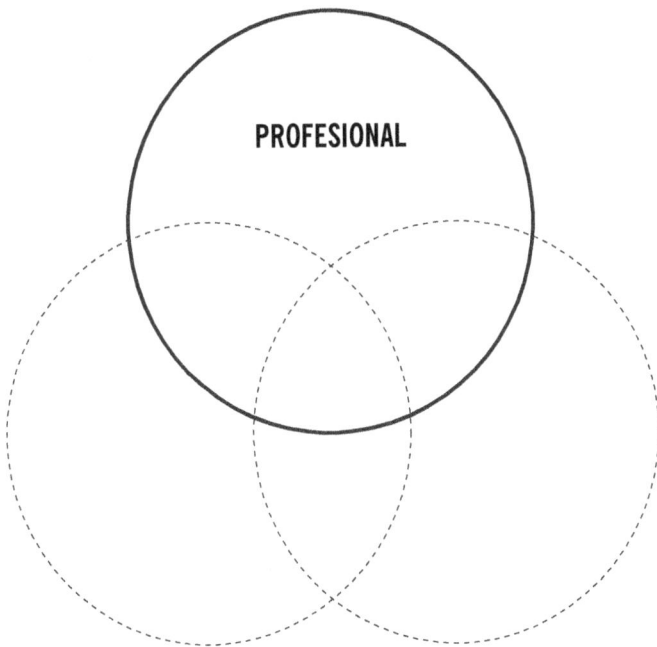

BAB 5

KEHIDUPAN PROFESIONAL

Saya merupakan anggota tim trek dan lapangan di sekolah mene-
ngah. Saya ada pelari dan berfokus pada jarak 800 dan 1.500 meter.
Jika Anda pernah berlatih lari, ini bukanlah latihan yang paling
seru. Pada dasarnya Anda hanya berlari—banyak berlari. Suatu hari

sepulang sekolah saya sedang berlari mengelilingi trek, saya terus memerhatikan atlet lapangan sedang bersenang-senang.

"Di sini orang-orang bersenang-senang melempar benda berat dan melompat di atas matras. Ini sepertinya ide yang jauh lebih baik dari pada berlarian mengelilingi trek selama satu jam," kata saya pada diri sendiri.

Di sudut lapangan, saya melihat para anggota tim lompat galah. Mereka tiba pada ketinggian yang tinggi dan bersorak dengan suara keras ketika salah satu dari mereka berhasil melewati palang. Fisik mereka tidak terlalu besar, mereka memiliki slot untuk satu anggota lagi, dan saya pikir ini mungkin merupakan event yang baik untuk saya coba.

Setelah latihan, saya mengumpulkan keberanian dan mendekati pelatih lari saya untuk mengetahui apakah saya bisa bergabung dengan tim lompat galah.

"Pelatih Watkins, apakah menurut pelatih saya bisa mencoba lompat galah?" tanya saya.

Pelatih Watkins adalah pelatih lari wanita yang kuat, tegas, dan tampak seperti pemain rugby yang terjun dalam perang dan memiliki kepribadian yang agak dingin.

"Saya kira tidak. Itu bukan event yang tepat untukmu."

"Saya mohon. Saya benar-benar ingin mencobanya," saya memohon.

"OK. Baiklah. Selama tidak bentrok dengan event larimu, dan kamu menyelesaikan latihan lari sebelum berlatih event lapangan," jawabnya. Saya tahu ia sebenarnya tidak menyukai gagasan ini, tetapi saya merasa sangat gembira.

"Tidak masalah," kata saya dengan percaya diri. Saya berlari untuk bergabung dengan para anggota tim lompat galah untuk memberitahu mereka kabar baik ini.

Ternyata lompat galah itu sulit. Jelas lebih sulit dari kelihatannya. Anda harus berlari sekitar tiga puluh meter menuju area melompat sambil memegang galah setinggi dua belas kaki dan lalu menanamnya dengan sempurna, menggunakan momentum ini untuk mengirim Anda ke udara sekitar tiga hingga lima meter. Di ketinggian, Anda perlu memiringkan dan mengubah posisi tubuh Anda untuk dapat mencapai palang dan mendarat dalam posisi telentang di atas matras.

Kelihatannya mudah, tetapi saya tidak bisa melakukannya. Ini adalah cara yang sopan untuk mengatakan saya tidak pernah bisa melompati palang, bahkan pada ketinggian terendah. Terlepas dari tidak adanya bakat alami saya, tim lompat galah saya sangat baik. Mereka dengan sabar membimbing saya melakukannya. Saya masih tidak bisa melewati palang, tetapi saya nyaris bisa melakukannya.

Acara trek dan lapangan regional semakin dekat. Suatu malam pelatih Watkins mendatangi saya setelah latihan.

"Kami bisa mendaftarkan tiga pelompat galah untuk kategori usiamu. Bisakah kamu melewati palang?" tanyanya.

"Ya. Tentu saja," saya berbohong. Bahkan saat kata-kata itu keluar dari mulut saya, saya tahu saya tidak seharusnya mengatakannya.

"Bagus," katanya lagi. "Kamu masuk."

Ini seperti apa yang selalu mereka katakan dalam bisnis, "Berpura-puralah dalam suatu hal sampai kamu menguasainya." Saya tidak bisa mencapai ketinggian tersebut, tetapi saya bertekad untuk melakukannya. Di minggu berikutnya, saya berlatih keras. Namun sekeras apa pun saya berusaha, saya tidak mampu melewati palang tersebut, dan saya tidak ingin mengakui kegagalan saya pada Pelatih Watkins.

Pada hari acara tersebut dilaksanakan, saya melihat apa yang saya kenakan. Saya memakai singlet sekolah dan celana lari super pendek yang saya kenakan untuk event lari saya. Mereka membuat saya terlihat seperti pelompat galah profesional, dan saya membutuhkan semua kepercayaan diri yang bisa saya dapatkan.

Event dimulai, dan ada cukup banyak orang yang berkumpul, karena lompat galah cukup seru untuk ditonton. Setiap pelompat galah dipanggil oleh juri event dan lalu melompat melewati ketinggian awal dengan mudah dan anggun. Saya tahu saya mampu melakukannya.

"Braden Douglas. E. L. Crossley. Percobaan pertama," juri memanggil nama saya.

Saya siap dan fokus pada jalur di depan saya. Galah saya arahkan pada posisi yang sempurna. Saya berlari dalam jalur dengan tekad, menanam galah, dan melompat lurus ke arah palang, yang jatuh, menimbulkan suara keras di atas aspal. Saya merasa malu. Saya melihat ke bawah ke kaki saya seakan sesuatu telah membuat saya tersandung dan menyebabkan saya gagal saat melompat.

Saya berjalan kembali ke awal jalur, melewati Pelatih Watkins dalam perjalanan saya.

"Apa yang terjadi?" tanyanya dengan nada tak percaya.

"Hanya tersandung sesuatu," jawab saya. Dan berbohong lagi. Saya benar-benar ingin apa yang saya ucapkan merupakan kebenaran.

Saya adalah satu-satunya pelompat yang gagal pada ketinggian awal. Kini semua atlet dan penonton menatap saya untuk menyelesaikan lompatan dan lanjut ke ketinggian selanjutnya.

"Braden Douglas. E. L. Crossley. Percobaan kedua," juri event memanggil nama saya lagi.

Saya menarik napas dalam dan menghembuskannya perlahan. Saya melihat palang di depan dan berlari ke arahnya. Tim berlari saya berteriak memberikan dukungan. Saya menanam galah di titik yang tepat. Galah melengkung dan membuat saya melompat ke udara. Namun tidak ke depan. Saya mendarat dengan canggung lurus ke bawah ke jalur dan jatuh ke belakang. Palang masih pada posisinya dan semua orang menatap saya dengan pandangan tidak percaya dan tawa aneh dari para atlet lawan.

Saya kembali berjalan ke awal jalur. Lagi. Pelatih Watkins menutup mulutnya dengan tangan dan menatap lurus ke arah saya. Ia tidak perlu mengatakan apa pun. Raut matanya menunjukkan keterkejutannya saat itu.

"Braden Douglas. E. L. Crossley. Percobaan ketiga dan terakhir di ketinggian pertama," juri event berseru dengan nada melodramatis. Bahkan juri event pun tertawa.

Saya menutup mata saya dan berdoa. "Tolong, Tuhan. Bantu saya. Mampukan saya melewati palang ini."

Saya mencengkeram galah dengan kekuatan baru dan berlari di atas aspal menuju musu bebuyutan saya. Saya menanam galah dan melompat dengan sekuat tenaga, meluncurkan diri saya ke depan. Saya mendarat di atas matras dengan suara gedebuk dan melihat ke belakang. Palang itu masih berada di atas, di tempatnya semula. Namun tawa dari kerumunan itu merupakan yang terburuk. Saya melompat di bawah palang dan meleset sepenuhnya. Saya gagal melakukannya. Saya berbaring di atas matras sedetik lebih lama, mencoba untuk mengumpulkan harga diri saya yang masih tersisa.

Walk of shame kembali ke area atlet melewati Pelatih Watkins sangat mengerikan. Saat saya melewatinya, ia mengangkat papan coklat besarnya di depan wajahnya, berpura-pura sedang membaca detail event hari itu. Ia tidak mengatakan apa-apa. Ia tidak perlu melakukannya.

Ini merupakan salah satu pelajaran terbaik yang saya dapatkan di usia muda. Saya mencoba untuk berpura-pura mampu, tetapi tentu saja saya tidak dapat melakukannya. Tidak ada dampak atau pengaruh pada orang lain jika Anda tidak berhasil melakukannya.

Jika Anda tidak baik dalam apa yang Anda lakukan, Anda tidak akan pernah menjadi pemimpin yang hebat. Titik.

Saya tahu ini terdengar kasar, tetapi keterampilan yang nyata bagi orang lain dan mencapai hasil yang positif menciptakan kredibilitas. Kredibilitas memberi Anda hak untuk didengar. Semakin besar kredibilitas Anda, semakin kuat pesan Anda akan diserap oleh orang-orang yang Anda beri pengaruh.

Misalnya, saya suka bermain golf, tetapi saya jauh dari kata profesional. Ketika bermain golf bersama teman, akan ada beberapa orang yang bermain lebih baik dari saya. Terkadang salah satu dari mereka akan memberi saya saran tentang cara saya memegang atau mengayunkan atau melakukan pukulan lunak. Saya mendengarkan mereka tetapi hanya sedikit. Namun bagaimana jika Tiger Woods, yang bisa disebut sebagai pegolf terbaik sepanjang masa, memberi saya saran? Saya tentunya akan mendengarkan dan melakukan apa yang ia katakan, begitu pula dengan ribuan orang lainnya.

Luas dan cakupan kredibilitas inilah yang disebut sebagai platform. Semakin Anda lebih kredibel dan terkenal di area tertentu, semakin besar platform Anda, semakin luas dampak yang bisa Anda berikan. CEO dari perusahaan besar memiliki platform yang besar. Selebriti dan politisi memiliki platform yang besar.

Untuk membangun platform melalui Kehidupan Profesional Anda, saya yakin Anda membutuhkan sifat karakter di bawah ini. Tidak ada urutan khusus tetapi Anda membutuhkan ketiga huruf P ini:

1. Passion
2. Pursuit of excellence (mengejar keunggulan)
3. Purpose (tujuan)

PASSION

Dalam konteks profesional, passion bukanlah emosi meluap-luap yang Anda rasakan sesekali. Melihat definisi dari kamus Merriam-Webster, passion adalah kenikmatan abadi yang berasal dari melakukan atau terlibat dalam keterampilan atau aktivitas dengan durasi waktu yang lama.

Anda mungkin memiliki passion di banyak hal dalam hidup Anda. Karier Anda. Keluarga Anda. Iman. Teman. Hobi atau kegiatan. Dalam beberapa kasus, gairah Anda untuk hal-hal ini dapat lebih kuat atau melemah sejalan dengan hidup yang Anda jalani. Namun, sangat penting bagi Anda untuk memiliki semangat untuk memberikan dampak.

Ada dua komponen dari definisi ini yang ingin Anda fokuskan.

Yang pertama adalah gagasan kenikmatan abadi. Anda perlu menikmati apa yang Anda lakukan.

Pekerjaan pertama saya setelah saya mendapatkan gelar bisnis adalah bekerja di Frito-Lay di bidang pemasaran. Saya merupakan pemimpin yang mudah dan ambisius, yang sangat bersemangat untuk membuktikan diri. Ini merupakan pertama kalinya saya bekerja dengan orang dewasa yang usianya sebaya dengan orang tua saya. Beberapa dari mereka telah bekerja di perusahaan selama lebih dari tiga puluh tahun, yang pada saat itu membingungkan bagi saya.

Seperti yang saya katakan di bagian pendahuluan, saya memiliki passion di bidang pemasaran. Membangun strategi, melakukan riset, memahami mengapa orang-orang membeli barang tertentu, dan menciptakan ide-ide baru yang menciptakan hasil. Saya sering lupa waktu, karena saya sangat menikmatinya, yang terkadang membuat istri saya marah ketika ia harus menelepon saya untuk menyuruh saya pulang.

Pernahkah Anda bekerja dengan seseorang yang tidak menikmati pekerjaannya? Atau pernahkah Anda menerima layanan dari seseorang yang tidak merasa senang dengan apa yang mereka lakukan? Rasanya menyesakkan. Tidak ada yang ingin dipengaruhi oleh mereka atau tertarik pada mereka. Jika Anda tidak menikmati apa yang Anda lakukan, ubah peran atau tindakan, atau ubah fokus untuk membuatnya menyenangkan. Ini adalah apa yang saya lakukan di Frito-Lay. Saya perlu mengubah fokus dari keripik kentang ke sesuatu yang saya pedulikan: orang-orang.

Komponen kedua dari passion adalah tentang periode waktu yang panjang. Mudah untuk menikmati kegiatan dalam jangka waktu yang singkat, namun kesenangan hanyalah salah satu komponen dari passion. Passion juga membutuhkan ketekunan dan komitmen untuk bertahan selama periode waktu tertentu. Perasaan senang Anda akan naik turun, tetapi passion membuat Anda terus maju ketika terasa sulit. Dan jika Anda melakukan sesuatu yang penting, akan ada saat-saat sulit. Saya sering melihat orang yang berhenti bekerja terlalu dini atau menyerah pada proyek penting atau bahkan mengakhiri pernikahan dengan cepat karena itu terasa sulit. Passion yang sebenarnya atas sesuatu memungkinkan Anda untuk bertahan, dan inilah yang dibutuhkan untuk Kehidupan Profesional yang hebat.

MENGEJAR KEUNGGULAN

Tidak ada yang mengikuti atau dipengaruhi oleh passion semata. Anda harus menjadi baik. Kredibilitas diperoleh dari mencapai hasil positif dari waktu ke waktu.

Suatu hari saya sedang bermain golf dengan salah satu teman saya. Kami berada di punggung bukit yang menghadap lubang par 3 yang dikelilingi air. Pemandangannya sangat cantik.

"Jika saya mendapat a hole in one, saya rasa saya akan berhenti bermain golf," katanya.

"Mengapa begitu?" saya bertanya, tahu ia tidak benar-benar serius.

"Maka saya akan mencapai kesempurnaan dan bisa berhenti ketika sedang berada di puncak," katanya.

"Saya pikir Anda kehilangan inti dari golf," saya menimpali. "Ini adalah permainan kemahiran dan konsistensi. Siapa pun bisa beruntung dengan satu pukulan."

Ia mengedipkan matanya dan berterima kasih atas kebijaksanaan konfusianisme saya. Ia lalu memukul bolanya masuk ke dalam air.

Kehidupan Profesional Anda adalah permainan kemahiran dan konsistensi.

Satu-satunya cara untuk memainkan permainan profesional dengan baik adalah melalui mengejar keunggulan. Selalu belajar dan selalu bertumbuh. Saya sudah berusaha keras untuk menjalaninya sejak usia dini.

Ada seorang motivator di kota asal saya bernama Bob Koehler. Karena kota asal saya di Fonthill memiliki penduduk sekitar delapan ribu orang, Bob merupakan individu yang luar biasa. Ia secara teratur diminta menjadi pembawa acara untuk event khusus di komunitas atau menjadi pembicara tamu di berbagai acara.

Saya menghampirinya setelah ia selesai berbicara di sebuah acara di sekolah menengah kami.

"Terima kasih, Bob, atas motivasi hari ini. Nasihat apa yang akan Anda berikan pada orang muda untuk sukses?" tanya saya.

Saya mengharapkan sesuatu yang berhubungan dengan kerja keras, nikmati apa yang Anda lakukan, perhatian, atau sesuatu yang berhubungan dengan hal itu. Sebaliknya, ia mengatakan sesuatu yang tidak pernah saya lupakan dan telah saya coba terapkan dalam hidup saya sejak saat itu.

"Braden, pemimpin yang hebat adalah pembaca yang hebat," katanya.

Bob memarafrase kutipan ini dari presiden ketiga puluh tiga Amerika Serikat, Harry Truman, yang berkata, "Tidak semua pembaca adalah pemimpin, namun semua pemimpin adalah pembaca."

Bob adalah orang yang bijak. Ia tidak memberitahu saya apa yang perlu saya baca atau seberapa sering, tetapi ia memberi saya wawasan tentang apa yang membedakan pemimpin dari yang lainnya—mengejar keunggulan. Yang dimaksud Bob ketika ia mengatakan "pemimpin yang hebat adalah pembaca yang hebat" adalah pemimpin selalu bersemangat untuk belajar. Mereka tahu bahwa mereka tidak akan pernah cukup tahu, jadi mereka membaca, menyerap pengetahuan dan kebijaksanaan sebanyak mungkin. Mereka mencari kemahiran; mereka mengejar keunggulan.

Anda ini penting. Mereka yang mengejar keunggulan melalui pembelajaran berkelanjutan menjadi lebih baik dan lebih berharga untuk orang-orang yang mereka layani. Mereka mendapatkan lebih banyak kredibilitas, menciptakan platform yang lebih besar, sehingga dapat memberi lebih banyak dampak. Saya telah menyaksikannya berkali-kali dalam karier saya. Orang-orang yang terus belajar, bertumbuh, dan membuat dirinya menjadi lebih berarti dan naik lebih cepat dari yang lainnya.

Bagaimana jika Anda belajar dan mengejar keunggulan? Apakah Anda memiliki rencana untuk diri sendiri, dan apakah pembelajaran yang Anda lakukan sejalan dengan itu? Jika iya, di mana Anda menangkap pembelajaran Anda? Sangat sedikit orang yang memiliki ingatan fotografis dan dapat mengingat fakta dan angka dari pembelajaran selama bertahun-tahun. Jika Anda seperti saya, ada banyak hal yang perlu saya catat. Saya sebelumnya menggunakan jurnal, tetapi sekarang saya menggunakan Evernote di ponsel saya. Jika saya membaca atau memiliki ide atau mendengar sesuatu yang penting, saya selalu mencatatnya. Banyak wawasan dan kutipan dari buku ini yang diambil dari catatan saya selama bertahun-tahun—pengeta-huan selalu bermanfaat ketika dibutuhkan.

Jika Anda ingin kehidupan profesional Anda terus naik, pastikan Anda selalu membaca, belajar, dan menangkap. Kejarlah keunggulan.

TUJUAN

Apakah Anda pernah berolahraga tanpa mencatat skor? Mungkin dalam piknik atau sekadar bersenang-senang. Apa yang biasanya terjadi? Awalnya akan terasa seru, namun setelah beberapa saat, moti-vasi dan usaha akan mulai memudar. Berbeda jika seseorang berkata, "Yang pertama menang tiga kali menang." Semuanya terlihat lebih fokus; mereka berusaha lebih keras dan mengetahui apa yang sedang mereka mainkan.

Tujuan dalam Kehidupan Profesional Anda berfokus pada passion Anda dan memberikan motivasi untuk mengejar keunggulan.

Memahami hasil dari usaha Anda dibutuhkan. Hasil ini dapat berupa tujuan, atau kompensasi yang Anda raih. Bisa juga lebih dalam dari itu, tentang orang-orang, waktu bersama keluarga, atau dampak yang ingin Anda berikan pada orang lain. Tentu saja, saya setuju dengan yang disebutkan terakhir.

Saya butuh waktu bertahun-tahun untuk mengetahui tujuan saya. Ketika seseorang bertanya pada saya apa yang saya inginkan saat saya masih muda, saya tahu saya perlu terdengar kredibel, jadi saya akan menjawab saya ingin menjadi pemain sepak bola profesional, dokter hewan (hingga saya sadar saya membenci ilmu pengetahuan alam), atau CEO. Sebenarnya, saya tidak tahu. Saya hanya ingin menjadi orang penting dan kaya. Tujuan dan fokus saya semuanya adalah tentang saya. Target saya. Mimpi saya. Prestasi saya. Sayangnya, banyak orang yang masih memiliki pandangan ini. Saya beruntung karena belajar sebagai seorang dewasa muda bahwa kehidupan yang berlimpah dan penuh adalah tentang membantu dan melayani orang lain terlebih dahulu.

Membantu para pemimpin menemukan kesuksesan sejati telah menjadi tujuan saya selama beberapa tahun terakhir ini. Ini tertulis dengan huruf besar di ruang kerja saya di rumah untuk mengingatkan saya setiap hari. Jadi bagaimana saya menghidupinya secara nyata dalam bisnis saya?

Untuk memberi Anda sedikit konteks, saya menjalankan agensi pemasaran bernama CREW, di mana kami menciptakan merek, periklanan, dan komunikasi yang berfokus pada industri makanan. Kami menemui banyak area abu-abu, dan di sinilah nilai dan tujuan sebenarnya yang Anda miliki paling banyak diuji.

Misalnya, kami didekati untuk membuat merek vodka baru yang ditargetkan untuk pria muda berusia antara sembilan belas dan dua puluh empat tahun yang ingin mabuk lebih cepat. Haruskah kami mengambil tawaran ini? Jika saya mengatakan tidak, apakah memasarkan anggur atau membuat bir tidak masalah? Di mana kita menarik garis? Bagaimana jika kami membutuhkan klien ini agar kami tetap dapat mempekerjakan karyawan kami?

Kita bisa ambil marijuana and ganja sebagai contoh lainnya. Kanada melihat sebuah industri besar yang lahir ketika mereka melegalkan ganja. Kami dibanjiri telepon dari investor yang menginginkan bantuan kami untuk meluncurkan dan memasarkan merek baru, toko ritel, dan peralatan untuk panen. Haruskah kami berkontribusi dalam pasar baru ini ketika ganja bukanlah sesuatu yang secara pribadi saya setujui? Kami tidak melanggar hukum apa pun, dan kami bisa menggunakan keuntungannya untuk hal yang baik.

Apakah motif ini bisa diterima? Bagaimana dengan CBD, yang ditemukan di mariyuana namun berkaitan dengan beberapa manfaat pengobatan yang baik? Apakah THC (strain halusinogen di mariyuana) buruk, tetapi CBD tidak menjadi masalah?

Bagaimana dengan lebih banyak masalah sosial makro? Haruskah kami menggunakan model cantik setengah telanjang dalam iklan produk yang berkontribusi pada persepsi body image yang negatif di masyarakat? Namun bagaimana jika iklan tersebut dapat menjual lebih banyak produk untuk klien kami dibandingkan ide-ide lainnya?

Memiliki etika dan mematuhi hukum suatu negara merupakan hal minimal. Seorang pemimpin yang memberi dampak akan melakukannya. Memilih untuk menjadi perusahaan atau pemimpin atau eksekutif yang digerakkan oleh tujuan adalah hal yang membedakan Anda dengan yang lain. Tujuan merupakan hal yang subjektif dan berbeda untuk setiap orang, tetapi Anda perlu memiliki pedoman yang jelas untuk membantu Anda.

Di CREW, saya memulainya dari awal untuk memiliki tujuan, visi, dan nilai yang akan membuat perbedaan. Tujuan kami adalah menjadi agensi pemasaran terbaik yang membangun merek yang memelihara kehidupan dan menyenangkan jiwa. Visi kami adalah menjadi merek global untuk kebaikan. Dan nilai kami adalah C-R-E-W (Character/Karakter, Relationships/Hubungan, Execution/ Eksekusi, dan Wow). Setiap nilai memiliki definisinya masing-masing, tetapi kami juga memiliki pedoman tentang klien mana yang kami ambil dan mana yang tidak.

Kami ingin bekerja dengan klien yang produk, layanan, atau organisasinya membuat perbedaan yang positif dalam kehidupan orang lain. Kami tidak bekerja dengan klien yang tidak membuat kami bangga untuk ditunjukkan di halaman situs web kami atau memiliki nama kami di sana. Saya sadar bawa definisi ini luas, jadi kami membuat beberapa contoh untuk membantu setiap pemimpin kami mengambil keputusan yang tepat, dan mereka menyertakan contoh sebelumnya.

Kami tidak bekerja dengan produk yang mempromosikan gaya hidup pesta yang keras, seperti kebanyakan alkohol berkadar tinggi atau bir murah. Anggur tidak apa-apa. Kami menghindari ganja dan *new edibles*, kami tidak ingin memasarkan "Bob's Groovy Brownies". Namun, minyak CBD yang ditemukan di ganja untuk manfaat pengobatan tidak apa-apa. Kami tidak bekerja dengan klien yang memiliki masa lalu yang kurang baik atau reputasi buruk di pasar. Kami juga menghindari hal-hal aneh seperti ramuan penyihir. (Ya, ini adalah contoh nyata.)

Kami tidak sempurna, dan saya pernah membuat beberapa kesalahan. Kami telah menolak pendapatan sebesar jutaan dollar selama dekade terakhir, yang terkadang menyulitkan kami. Sangat sulit untuk memberhentikan seorang karyawan karena kurangnya pekerjaan ketika Anda menolak pendapatkan yang seharusnya bisa membuat mereka tetap bekerja pada Anda. Namun pada masa-masa dan keputusan sulit inilah tujuan dan menjadi pemimpin yang memberi dampak menjadi nyata. Ingat, dampak memiliki harga yang harus Anda bayar.

MEMIMPIN DI ATAS GARIS

Saat perusahaan saya berkembang, kami mempekerjakan, memecat, melatih, dan mengembangkan banyak karyawan. Ini bisa dibilang peran utama seorang pemimpin ketika Anda berprogres. Di industri pemasaran, kami menarik banyak anak muda berbakat, dan banyak dari staf saya yang merupakan generasi milenial. Saya sering mendengar pemimpin yang berusia lebih tua menyindir milenial yang "congkak" atau "berharga", dan menurut saya ini tidak adil.

Ya, mereka berbeda dan memiliki pandangan unik tentang tujuan dan pekerjaan, belum lagi kecintaan pada perjalanan dan alpukat. Namun mereka juga memiliki passion dan berkomitmen serta perlu dibina untuk menjadi seorang pemimpin.

Salah satu pelajaran yang saya yakini penting bagi para pemimpin muda, dan bahkan para pemimpin yang lebih tua, adalah untuk memahami konsep "memimpin di atas garis". Ini adalah pemahaman tentang bagaimana menjadi seorang profesional yang lebih baik sehingga Anda dapat membangun lebih banyak kredibilitas, platform yang lebih luas, dan mencapai dampak yang lebih besar.

Ide ini muncul ketika seorang desainer muda datang ke kantor saya.

"Braden, saya telah berada di CREW selama lebih dari setahun, review kinerja saya kuat, dan saya menginginkan kenaikan gaji yang lebih tinggi dari kenaikan biaya hidup saya," katanya.

"Saya senang melakukannya," saya berkata dengan tulus. "Berapa banyak yang Anda inginkan?"

"Umm, saya berpikir kenaikannya tujuh ribu dolar per tahun," katanya.

"OK. Kenaikan itu sekitar 12 persen dari apa yang Anda terima sekarang. Apakah Anda memberi perusahaan nilai dan keuntungan lebih untuk membenarkannya?" tanya saya.

"Saya tidak yakin," jawabnya.

"Saya akan tunjukkan sesuatu," kata saya sambil menggambar grafik garis sederhana pada papan tulis di kantor saya.

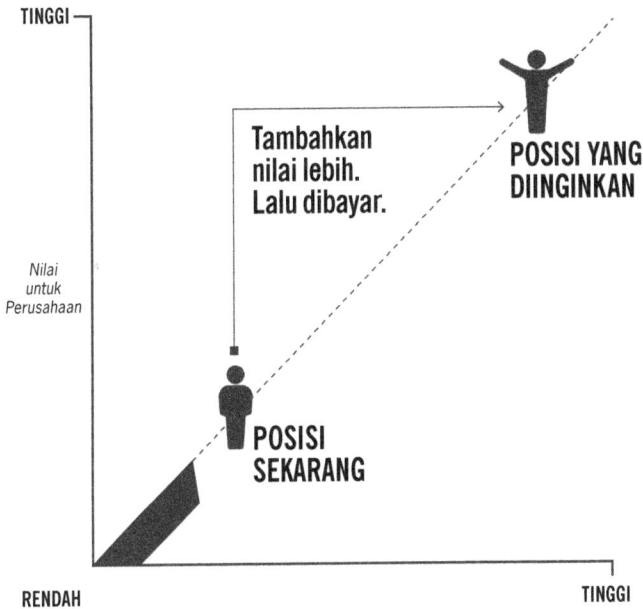

TINGGI

Nilai
untuk
Perusahaan

Tambahkan nilai lebih. Lalu dibayar.

POSISI YANG DIINGINKAN

POSISI SEKARANG

RENDAH

TINGGI

"Posisi Anda saat ini dibuat untuk memberikan nilai dan hasil tertentu bagi perusahaan, dan Anda dibayar sesuai dengan harga pasar untuk posisi ini. Apa Anda setuju? Posisi Anda sekarang dibuat untuk memberikan nilai dan hasil spesifik untuk perusahaan, dan Anda dibayar sesuai dengan tarif pasar untuk peran ini. Apa Anda setuju?" tanya saya.

"Ya," katanya.

"Jadi, jika Anda ingin menghasilkan lebih banyak uang, inilah yang saya butuhkan dari Anda. Karena Anda telah bekerja di sini cukup lama, Anda harus lebih efisien dalam menyelesaikan proyek, yang berarti Anda bisa melakukan lebih banyak pekerjaan dan memberi kami lebih banyak hasil. Kedua, karena Anda adalah seseorang yang dihormati di departemenmu, saya ingin Anda mulai mengajari desainer junior tentang cara mencapai kualitas yang lebih baik dan efisiensi yang lebih tinggi. Ini akan memberi kami lebih banyak keuntungan pada perusahaan yang dapat saya berikan sebagai kompensasi untuk Anda. Apakah Anda siap untuk itu?" tanya saya.

"Ya," jawabnya.

"Bagus. Saya akan memeriksanya dengan Anda dalam tiga bulan ke depan, dan jika kita melihat hasilnya, Anda bisa mendapatkan kenaikan gaji," kata saya.

"Baik. Terima kasih." Ia bangkit dari kursi dan kembali ke mejanya.

Ia benar-benar mencapai target dan menerima kenaikan gaji, dan ia terus menjadi pemimpin yang hebat bersama kami.

Ia memahami prinsip memimpin di atas garis. Jika Anda ingin menghasilkan lebih banyak uang, kenakan biaya lebih besar untuk produk atau jasa, miliki pengaruh yang lebih besar dan platform yang lebih luas, ingat prinsip ini: selalu tambahkan nilai.

Memimpin di atas garis adalah tentang memahami apa yang membawa nilai nyata dan memastikan Anda melakukan hal-hal yang menambahkan nilai tersebut. Membangun hubungan, membuat koneksi, datang lebih awal, mengambil inisiatif, membimbing orang lain, mengerjakan proyek yang membantu perusahaan pada waktu luang Anda, dan mempelajari skill baru yang dapat diterapkan untuk mendapatkan hasil yang lebih baik dalam posisi Anda adalah beberapa contoh dari hal-hal yang bisa Anda lakukan untuk menambah nilai Anda.

Prinsip ini juga dapat diterapkan pada orang-orang yang ingin Anda beri dampak. Tambahkan nilai lebih dalam hidup mereka. Hubungkan mereka dengan orang lain, bagikan saran, dorong mereka, atau beri mereka buku baru untuk dibaca. Pahami apa yang ingin mereka capai, ambil minat aktif di dalamnya, dan tambahkan nilai.

Anda akan menyukainya jika seseorang melakukannya dalam hidup Anda. Orang lain juga akan merasakan hal yang sama. Ini hanya membutuhkan niat.

KUNCI YANG PERLU DIINGAT

Jika Anda ingin memaksimalkan Kehidupan Profesional Anda untuk memberi dampak, ingatlah:

- Jangan "berpura-pura dalam suatu hal sampai kamu menguasainya". Tidak ada dampak atau pengaruh pada orang lain jika Anda terbukti palsu. Bekerja keraslah untuk mampu melakukannya.
- Lakukan dengan passion. Nikmati apa yang Anda lakukan dan miliki komitmen serta ketekunan untuk terus melakukannya.
- Kredibilitas sangatlah penting bagi seorang pemimpin, dan ini diperoleh dari pencapaian hasil positif dari waktu ke waktu. Satu-satunya cara untuk terus memberikan hasil adalah dengan mengejar keunggulan yang dibarengi dengan niat.
- Selalu ingat tujuan Anda.
- Selalu tambahkan nilai. Baik itu dalam pekerjaan Anda atau dengan orang lain, jadilah pemimpin yang memimpin di atas garis dan cari peluang untuk terus menambah nilai.
- Ingatlah bahwa krim akan selalu naik ke atas. Anda hanya perlu kesabaran dalam proses tersebut.

Jalan yang Anda ambil secara profesional adalah alat Anda untuk menghasilkan sumber daya. Apa yang Anda lakukan dengan sumber daya tersebut adalah pemberian Anda pada dunia.

BAB 6

KEHIDUPAN PRIBADI

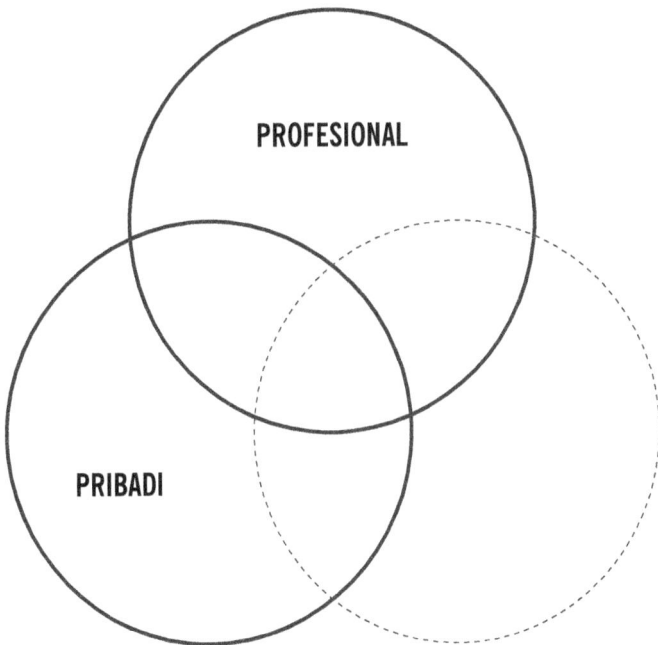

Saat itu adalah ulang tahun saya yang keempat belas, dan saya merasa sangat senang. Paman Bob dan keluarganya akan berkunjung untuk makan malam bersama merayakan ulang tahun saya. Untuk memberi Anda sedikit latar belakang, ayah saya memiliki enam saudara laki-laki dan satu saudara perempuan dalam keluarganya, dan Paman Bob adalah saudara laki-laki tertua. Ia juga merupakan yang paling sukses dalam kariernya dan akan memberi saya hadiah terbaik.

Mereka tiba dengan tas hadiah kecil yang penuh dengan kertas tisu dan sebuah kartu di atasnya. Usai makan malam, kue ulang tahun dan lagu selamat ulang tahun dinyanyikan, dan tibalah waktunya untuk membuka kado. Saya membuka kado dari Paman Bob terlebih dahulu. Saya membuka kartu ucapan dengan cepat, memindai isinya sambil berharap mendapat uang, dan membuka tas hadiah. Beberapa detik kemudian, saya melihat sebuah buku. *Tujuh Kebiasaan Manusia yang Sangat Efektif* oleh Stephen Covey.

Wow, saya berkata pada diri sendiri. Hadiah ini payah. Paman Bob, kau menggagalkannya. Saya adalah seorang anak laki-laki aktif berusia empat belas tahun yang membaca hanya karena saya terpaksa melakukannya di sekolah. Saya mungkin harus mulai memanggilmu Robert.

"Terima kasih, Paman Bob," saya menggumam dengan suara pelan yang tidak menyembunyikan ketidaksenangan saya.

"Beberapa orang terbaik yang saya temui dalam karier saya semuanya merekomendasikan buku ini," katanya. "Saya pikir ini bisa membantumu."

"Bagus... bagus," ulang saya sambil meletakkan buku itu di meja.

Beberapa hari kemudian, ibu saya akhirnya memindahkan buku tersebut ke meja samping tempat tidur saya. Buku itu berada di sana selama enam bulan. Ketika kami bertemu dengan Paman Bob dan keluarganya pada pertemuan, seperti Paskah, beliau bertanya pada saya bagaimana bukunya.

"Cukup bagus. Saya baru mulai membacanya," kata saya.

Bulan Juli datang, dan liburan musim panas tiba. Saya tidak memiliki pekerjaan tetap karena saya berusia empat belas tahun, jadi saya punya banyak waktu luang. Saya melihat *7 Kebiasaan* dan memutuskan untuk mengambilnya. Itu adalah pertama kalinya saya membaca buku tentang pengembangan pribadi.

Saya merasa beruntung saya melakukannya.

Kebiasaan kedua yang diperkenalkan Stephen Covey adalah "merujuk pada tujuan akhir". Ini adalah kebiasaan membayangkan apa yang akan dikatakan orang-orang mengenai Anda ketika Anda meninggal dunia. Seperti apakah pemakaman atau peringatan untuk Anda? Siapa yang akan hadir? Legacy apa yang akan ditinggalkan?

Meskipun saya masih muda, memikirkan pemakaman saya sendiri memiliki efek yang mendalam pada diri saya. Siapa yang benar-benar peduli jika saya tiada? Anak, saudara laki-laki, teman, siswa, rekan setim, atau tetangga seperti apakah saya? Saya ingin menjadi siapa? Bagaimana agar saya bisa menjadi apa yang saya ingingkan? "Dampak" seperti apakah yang akan saya berikan?

GARIS HIDUP

Latihan yang akan kami lakukan pada sesi pertama LeaderImpact adalah merencanakan hidup Anda pada sebuah garis.

LAHIR	MENINGGAL	KEKEKALAN
TAHUN		

Berapa usia Anda saat ini? Berapa tahun lagi yang Anda punya? Bagaimana Anda akan menggunakan sisa waktu tersebut?

Ini adalah latihan pemurnian ketika pemimpin menyadari dua hal: (1) tidak banyak waktu tersisa dan Anda tidak tahu kapan waktu tersebut akan berakhir, dan (2) pemimpin melihat seberapa cepat waktu berlalu dan apa yang telah mereka lakukan dengan hidup mereka. Topik tentang kekekalan dan apa yang terjadi setelah kematian adalah bagian yang sama sekali berbeda.

Namun wawasan kuncinya adalah bahwa Kehidupan Pribadi kita terbatas. Ada awal dan akhirnya. Saya ingin memastikan bahwa Anda mengingat tujuan akhir dan fokus pada hubungan yang berarti dan dampak yang dapat Anda berikan di dunia ini.

SEMUA ADALAH TENTANG HUBUNGAN

Beberapa orang akan memberitahu Anda bahwa dampak dalam kepemimpinan adalah tentang tindakan yang besar: membangun kerajaan komersial atau mengubah cara suatu industri beroperasi. Dan itu adalah dampak yang besar dan indah. Namun pada skala yang lebih mikro, pada intinya, dampak beroperasi dalam subset yang sangat sederhana: hubungan.

Mungkin bisa saya katakan seperti ini. Saya bekerja dengan klien dalam strategi pemasaran, dan kami selalu memulainya dengan membantu organisasi memahami tujuan mereka. Pertanyaan favorit saya untuk membantu mereka memikirkan hal ini adalah: "Jika perusahaan Anda menghilang besok, apa yang akan hilang? Siapa yang akan paling peduli?"

Jawaban atas pertanyaan di atas biasanya kembali ke hubungan.

Orang-orang yang akan peduli dengan perusahaan adalah pelanggan yang telah menjalin hubungan dengan Anda dan mengandalkan atau menyukai produk atau layanan Anda. Para karyawan yang mempercayai dan mengandalkan Anda untuk menyediakan pekerjaan. Para pemasok yang membutuhkan Anda untuk membeli dari mereka. Komunitas pada umumnya yang didukung oleh organisasi melalui pajak, hadiah, pekerjaan, dan sebagainya.

Semua yang kita lakukan saling memiliki keterkaitan dengan hubungan.

Ketika kita berpikir untuk memberi pengaruh sebagai seorang pemimpin, kita selalu berpikir tentang banyak orang. Kita berpikir tentang perubahan besar dan mempengaruhi hidup jutaan orang. Namun dampak dimulai dengan hubungan yang paling dekat dengan Anda. Orang-orang yang akan meluangkan waktu untuk menghadiri pemakaman Anda adalah mereka yang memiliki atau yang pernah memiliki relasi dengan Anda. Semakin dekat relasinya, semakin dekat mereka pada peti Anda ketika Anda meninggal dunia. Menyadarkan kita, saya tahu. Namun ini benar. Biasanya, itu adalah keluarga inti, lalu keluarga besar, dan lalu teman dekat, dan berlanjut ke barisan belakang, di mana kenalan atau kolega yang mungkin dari masa lalu.

Ingat ini: dampak dalam Kehidupan Pribadi selalu dimulai dengan relasi yang telah Anda berikan. Sayangnya, kita terkadang lebih baik dan lebih memiliki niat dalam memberi dampak pada "baris belakang" dibandingkan "baris depan." Ketika Anda berpikir tentang memiliki dampak, saya tidak ingin Anda berpikir tentang memberi dampak pada masa. Pikirkan tentang hubungan terdekat Anda terlebih dahulu. Di sinilah Anda memiliki kekuatan untuk membuat perbedaan terbesar setiap harinya.

UNGGUL DALAM HUBUNGAN ANDA

Pelatih basket hebat Pat Riley berkata, "Sebuah tim menjadi hebat ketika setiap pemain mengetahui peran mereka, menerima peran mereka, dan unggul dalam peran mereka." Dampak Anda menjadi besar ketika Anda mengetahui dan menerima peran yang Anda miliki dalam hubungan Anda. Memilih relasi mana yang akan unggul adalah salah satu pilihan terbaik yang akan Anda ambil. Alasannya adalah dampak terbesar dan terlama akan datang dari orang-orang ini.

Pikirkan tentang peran yang Anda miliki dalam hidup. Peran mana yang akan Anda mainkan dan yang paling penting untuk Anda? Luangkan waktu untuk membuat daftar.

KELUARGA INTI

- Pasangan
- Orang tua atau wali

KELUARGA BESAR

- Anak laki-laki atau anak perempuan
- Saudara laki-laki atau saudara perempuan
- Bibi, paman, sepupu, atau keponakan

PROFESIONAL

- Karyawan
- Manajer, bos, atasan, atau mentor/pembimbing
- Kolega atau rekan kerja
- Pelanggan atau klien
- Pemasok
- Pesaing

SOSIAL

- Teman
- Teman satu tim
- Tetangga
- Jemaat atau peserta
- Siswa
- Lainnya

Pikirkan tentang jumlah orang yang berinteraksi dengan peran Anda dan hubungan yang Anda miliki dengan masing-masing dari peran tersebut. Tulis beberapa nama orang di samping tiap peran di atas. Sekarang, lihat daftar ini. Bayangkan wajah orang-orang yang namanya Anda tulis. Apakah Anda melihat mereka? Apakah Anda mengenal mereka? Dampak apa yang bisa Anda berikan dalam hidup mereka?

Sebelum membaca buku ini, jika seseorang bertanya pada Anda hubungan apa yang paling penting bagi Anda, Anda mungkin akan menjawab dengan jawaban yang "benar". Keluarga saya, teman, pekerjaan, dan sebagainya. Namun, saya adalah pakar pemasaran, dan saya tahu orang-orang berbohong. Apa yang kita katakan dan apa yang kita lakukan tidak selalu sejalan. Jika Anda ingin mengetahui hubungan apa yang paling penting bagi Anda, lihat kalender dan rekening bank Anda, dan amati di mana Anda menghabiskan waktu dan uang Anda.

Saya percaya salah satu dari alasan utama para pemimpin gagal berbuat sesuai dengan potensi mereka untuk memberi dampak adalah ketidakselarasan antara hubungan kita dengan bagaimana kita menghabiskan waktu dan uang kita. Jika Anda menginginkan pernikahan yang sangat baik namun tidak menghabiskan waktu bersama atau pergi berkencan atau menghabiskan akhir minggu bersama, pernikahan Anda tidak akan sangat baik. Hal yang sama berlaku untuk anak-anak atau keluarga atau teman Anda. Di mana Anda menghabiskan waktu, perhatian, dan uang Anda adalah di mana pertumbuhan itu akan terjadi. Bagi para pemimpin, mereka menginvestasikan banyak waktu dan uang pada pekerjaan mereka, dan coba tebak? Di sanalah mereka menemukan kesuksesan.

Biasanya tidak ada yang melakukan ini dengan sengaja. Ini terselubung dengan nilai baik untuk menafkahi keluarga Anda atau berkorban dalam jangka pendek untuk menikmati lebih banyak dalam jangka panjang. Pada kenyataannya, ini adalah kurangnya disiplin terhadap waktu dan keegoisan yang tidak terkendali. Kita berkomitmen untuk hal yang salah. Kita sibuk. Kita berfokus pada area yang salah. Kita hanya membiarkan waktu berlalu dan lalu membenarkan tindakan kita.

Namun kita dapat mengubahnya.

FOKUS PADA HUBUNGAN YANG TEPAT

Hubungan manakah yang paling penting? Ini dimulai dari keluarga inti Anda. Jika Anda telah memilih untuk menikah atau menjalani sebuah hubungan seumur hidup dengan berkomitmen sebagai pasangan, ini adalah hubungan teratas Anda. Pasangan Anda akan membuat Anda tetap fokus pada tujuan yang benar, ia akan membantu Anda mengetahui prioritas Anda, ia akan memotivasi Anda ketika passion Anda mulai memudar, dan ia akan mengejar keunggulan. Anda juga akan melakukan hal yang sama untuknya. Pasangan Anda mungkin tidak selalu mengkomunikasikannya dengan cara terbaik, tetapi ini dibahas di buku lain.

Ketika saya pertama kali menikahi istri saya, Jen, ia merupakan seorang guru yang baik dan mencintai kariernya. Ia akan menilai tes ketika kami menonton film pada akhir pekan dan meminta saran pada saya mengenai kelas dan rekan kerjanya. Namun, ketika saya memulai bisnis dan kami memiliki anak pertama kami, tujuannya sebagai seorang guru berubah. Tujuan bersama kami berubah, dan kami perlu mencari cara bagaimana memastikan kami berdua bersatu dalam musim baru ini. Istri saya merasa mengajar di sekolah tidak akan berhasil, tetapi ia juga tidak merasa puas sebagai ibu rumah tangga. Merupakan hal yang mudah bagi saya, karena saya berfokus pada bisnis, tetapi saya tahu saya memiliki tanggung jawab untuk membantunya, terlibat dengannya, dan melihat bagaimana ia dapat memanfaatkan bakatnya. Perjalanan ini membutuhkan waktu bertahun-tahun, dan kini ia memulai blog untuk para perempuan yang menikah dengan pengusaha yaitu TheEntrepreneurWife. com (ya, saya baru saja membuat blognya), dan ia mengajar beberapa pelajaran Alkitab untuk perempuan. Ia menyukainya, Dan ia pandai dalam hal ini.

Jika Anda adalah orang tua, ini adalah hubungan yang paling penting berikutnya. Peran ini dan hubungan Anda dengan anak-anak Anda memiliki musim ketika ada komitmen dan pengorbanan yang besar di tahun-tahun awal saat Anda merawat dan mengajari mereka. Saat mereka tumbuh, kebutuhan mereka berubah, dan Anda akan menjadi pembimbing yang mendukung, teman yang dapat dipercaya, dan panutan untuk mereka ikuti. Ketika mereka meninggalkan rumah (semoga belum terlambat), peran berpengaruh tetap ada, tetapi waktu (dan uang) berkurang.

Keluarga besar adalah yang berikutnya. Berkomunikasi, memberi semangat, hadir pada acara dan pertemuan adalah kuncinya. Namun, hanya hadir pada makan malam Paskah yang menyenangkan tidak sama dengan memberi dampak. Lakukan dengan niat dalam kehidupan anggota keluarga Anda, mimpi mereka, dan tujuan mereka, dan lihat di mana dan bagaimana Anda bisa menambahkan nilai.

Hubungan keluarga Anda menciptakan ikatan yang memberi Anda izin untuk lebih peduli pada mereka.

Hubungan di tempat kerja biasanya lebih penting daripada apa yang orang-orang kira. Anda menghabiskan banyak waktu dengan orang-orang ini dan memiliki pengaruh langsung atau tidak langsung terhadap mereka. Bagaimana Anda dengan sengaja membangun hidup mereka dan peduli pada mereka?

Akhirnya, hubungan sosial. Teman, tetangga, teman satu tim, peserta, orang-orang yang pergi ke gereja, orang-orang dari klub sosial—daftar orang yang berinteraksi dengan Anda setiap hari dan setiap minggunya sangat panjang. Peran apa yang Anda miliki dengan orang-orang tersebut? Siapa yang Anda fokuskan?

Latihan refleksi yang baik adalah membuat daftar hubungan yang Anda miliki yang menurut Anda bisa memberi dampak. Anda akan menyadari bahwa daftarnya bisa sangat panjang. Saya telah membuat contoh kecil di bawah ini tentang orang-orang dan hubungan dalam hidup saya.

HUBUNGAN SAYA DENGAN MEREKA	NAMA	APA TUJUAN MEREKA? TARGET?	APA SATU HAL YANG BISA SAYA LAKUKAN UNTUK MEMBANTU?
Pasangan	Jen	Mengajar dan mendorong wanita untuk sukses secara rohani dan di rumah	Menyediakan waktu, uang dan berupaya untuk membantunya melakukan aktivitas ini.
Putra	Rylan	Atlet, desainer, dan pemimpin yang cerdas	Mengajarkan, mendorong, dan menyediakan kesempatan di bidang ini
Putri	London	Berbicara, mengajar, dan memimpin banyak kelompok orang	Mengajarkan, mendorong, dan menyediakan kesempatan di bidang ini
Orang Tua	Ayah dan Ibu	Terus memiliki tujuan di masa pensiun dengan membantu mereka yang membutuhkan	Melihat minat aktif mereka dalam kegiatan sukarela. Memeriksa setiap minggu.
Saudara	Marnie	Menetapkan tujuan baru dengan keluarga muda, karier baru, dan negara baru	Terlibat dan aktif dalam langkahnya selanjutnya. Memeriksa setiap minggu.
Atasan	Nate	Menjadi pemimpin nasional untuk CREW dan seseorang yang memberi dampak	Pelatihan pengembangan kepemimpinan formal dan keterlibatan LeaderImpact.
Atasan	Josh	Mempengaruhi orang-orang untuk menemukan tujuan yang lebih dalam	Melatih, merencanakan, dan membantu menyediakan tempat untuk berbagi.
Atasan	Gerald	Menjadi pemimpin kreatif yang hebat di Kanada dan bersama keluarganya	Menyediakan kesempatan dan jalan agar pekerjaan yang ia dan timnya lakukan diakui.
Teman	Stu	Memberi dampak dalam kehidupan yang lain di rumah, melalui Tribe, dan kegiatan amal	Memberi dorongan, terlibat, dan menghubungkannya dengan peluang. Menjadi anggota dewan yang baik untuk Village Impact.
Teman	Fredrick	Menjalankan bisnis keluarga dengan baik ambil menggunakan talentanya untuk membangun kerajaan Tuhan	Memberi dorongan, meluangkan waktu, dan menghubungkannya dengan peluang.
Teman	Adam	Unggul dalam menjadi wirausaha dan pemimpin rohani	Memberi dorongan, memberikan bantuan praktis dalam bisnisnya, dan memghubungkannya dengan peluang.

Apa yang Anda temukan dari daftar saya? Bagian mana yang paling membuat Anda penasaran?

Saya merasa latihan ini sulit. Walaupun saya sedang menulis buku tentang dampak, melakukannya dengan sengaja tetaplah kerja keras. Setelah pasangan dan anak-anak saya, daftar hubungan ini mulai lepas kendali. Anda tidak mungkin melakukannya satu-ke-satu dengan semua orang yang Anda kenal.

Saya juga menyadari bahwa saya tidak mengetahui tujuan mereka begitu saja. Saya harus bertanya, menggali, dan membuatnya untuk mereka. Hal ini terlihat seperti tugas yang mudah, namun ini sebenarnya sulit. Menentukan langkah berikutnya atau satu hal yang dapat saya lakukan untuk membantu memaksa saya memikirkan solusi praktis. Bahkan saat saya melihat daftar, saya masih bertanya-tanya: Apakah sebenarnya arti dari "dorongan"? "Peluang" apa yang akan saya hubungkan ke mereka? Luangkan waktu Anda mengerjakan latihan ini. Ini adalah kerja keras. Dan jangan gugup jika Anda bingung tindakan apa yang harus diambil. Kejelasan akan datang. Intinya adalah untuk memfokuskan Anda kembali pada hubungan yang penting, lakukan dengan niat waktu yang Anda berikan pada mereka, dan teruslah berfokus pada dampak yang Anda berikan. Ini adalah kedisiplinan yang berkelanjutan, jadi jangan khawatir jika ini membutuhkan lebih banyak waktu.

SATU-KE-SATU DAN SATU-KE-BANYAK

Ada begitu banyak hubungan yang dapat Anda miliki dalam hidup Anda namun waktu terbatas. Bagaimana Anda bisa membina, tetap terhubung, dan memberi dampak pada lebih banyak orang yang Anda sayangi? Satu teknik yang menurut saya berguna bagi saya adalah membagi hubungan menjadi satu-ke-satu dan satu-ke-banyak. Dalam hubungan terdekat saya, saya akan mengupayakan hubungan satu-ke-satu. Menghabiskan waktu bersama mereka, memiliki niat, dan sebagainya. Untuk orang lain dalam hidup saya, seperti kolega/ rekan kerja, keluarga besar, dan orang-orang yang saya temui di seminar, saya dapat menggunakan satu-ke-banyak kesempatan dan saluran komunikasi. Media sosial, buku ini, berbicara di berbagai acara, menulis blog, dan bertemu dalam kelompok-kelompok kecil dengan LeaderImpact adalah di mana saya memilih untuk berkomunikasi, mempengaruhi, dan membantu lebih dari satu orang. Hubungkan saluran dan komunikasi ini dengan tujuan Anda untuk memastikan pesan Anda autentik dan tentang mereka, bukan Anda.

MENEMUKAN SUMBER DAYA YANG TEPAT

Hanya berfokus pada peran dan hubungan yang tepat tidaklah cukup. Untuk benar-benar memberi dampak, Anda harus memiliki *sumber daya* untuk terhubung dengan orang-orang dan memberi mereka dampak. Ini tidak hanya berarti uang saja, tetapi termasuk sumber daya waktu, fokus, dan tenaga yang diperlukan. Anda perlu menjaga diri Anda sendiri.

Ada tiga komponen yang perlu dipertimbangkan untuk membantu Anda memfokuskan sumber daya Anda untuk memberi dampak dalam Kehidupan Pribadi Anda:

1. Berkomitmen lebih sedikit
2. Penuh dengan energi
3. Luangkan waktu

BERKOMITMEN LEBIH SEDIKIT

Untuk memiliki hubungan yang berdampak, Anda memerlukan waktu dan niat. Tidak ada cara untuk melakukan hal ini dengan baik jika Anda melakukan terlalu banyak pekerjaan. Ketika Anda memeriksa daftar peran dan hubungan, apa yang Anda temukan? Ada begitu banyak peran yang Anda mainkan, begitu juga dengan hubungan. Ini akan membuat Anda kewalahan.

Kakak ipar laki-laki saya Josh tinggal di Kelowna, British Columbia, dan ia mengoperasikan salah satu kantor CREW kami. Ia adalah seseorang yang sangat ekstrover, menyukai orang-orang, dan terlibat dalam segala hal. Dalam setahun setelah pindah ke Kelowna, ia memulai kantor CREW, terlibat dalam empat kelompok bisnis, menjadi relawan di gerejanya, terlibat dalam program pembinaan pribadi, duduk sebagai dewan untuk asosiasi komunitas penampungan tunawisma, dan merupakan mentor Program Akselerator Teknologi. Selain itu, ia memiliki dua anak di bawah usia lima tahun di rumah. Ini terlalu banyak, namun ia merasa ia perlu melakukan semua hal ini untuk membangun jaringan, menambah koneksi, dan memberikan kembali.

"Braden, saya rasa saya melakukan terlalu banyak pekerjaan," katanya pada saya.

"Kamu pikir begitu?" jawab saya. "Bagaimana hubungan terpenting Anda?" tanya saya.

"Oke, tetapi tidak terlalu baik," ia mengaku.

"Maka Anda perlu berkomitmen lebih sedikit dan belajar untuk berkata tidak," kata saya.

Dalam buku Greg McKeown *Esensialisme*, ia memberitahu para pemimpin untuk mempelajari kekuatan untuk mengatakan tidak dengan baik.[4] Anda mengatakan tidak pada beberapa hal yang baik sehingga Anda dapat mengatakan ya pada hal-hal besar yang berarti. Dalam waktu singkat, Josh mampu berkata tidak pada kelompok dan grup yang menyita waktunya dan mampu menemukan orang lain untuk mengisi kekosongan dari beberapa kegiatan relawannya. Dan hasilnya tetap sama, bahkan lebih baik untuknya.

Ingat, hubungan memiliki musim, dan hal-hal yang Anda katakan tidak untuk saat ini mungkin berubah dalam beberapa tahun. Mengatakan "tidak" tidak berarti selamanya, ini hanya berarti tidak untuk saat ini.

Saya menilai komitmen dan hubungan saya dua kali dalam satu tahun untuk memastikan saya tidak terlalu memaksakan diri: Tahun Baru dan Hari Buruh. Saya menggunakan dua waktu ini dalam setahun untuk mengevaluasi hal-hal yang saya terlibat. Jika hal-hal ini tidak berkontribusi pada hubungan yang saya pedulikan atau dampak yang ingin saya berikan, saya akan mengatakan tidak.

PENUH DENGAN ENERGI

Energi adalah bahan bakar untuk mesin Anda. Tanpa energi, Anda tidak banyak berguna untuk orang-orang atau hubungan yang ingin Anda bina. Ada kepercayaan populer atau keberanian di antara para pemimpin bahwa mereka dapat bekerja keras, menjadi lebih efektif jika kurang tidur, dan melewatkan waktu makan demi efektivitas dan produktivitas yang lebih baik. Hal ini tidak benar. Mereka mungkin dapat melakukan ini untuk waktu yang sangat singkat, tetapi ini akan mengejar mereka. Mereka akan jatuh sakit, kelelahan, atau merasa depresi, yang akan lebih merugikan dari pada keuntungan kecil yang mereka pikir akan mereka dapatkan.

Anda adalah satu-satunya yang dapat memberi pengaruh yang Anda inginkan. Anda perlu menjaga diri Anda sendiri.

Menurut sebuah artikel oleh *Business Insider*, gaji mencapai puncaknya pada usia empat puluh delapan tahun, kepuasan hidup mencapai puncaknya pada usia enam puluh sembilan tahun, dan kesejahteraan psikologis pada usia delapan puluh dua tahun.[5] Menariknya, tahun-tahun terakhir Anda, dari usia lima puluh ke atas, juga merupakan saat ketika sebagian besar memilih untuk pensiun, keluar dari dunia bisnis, atau tidak dapat bekerja karena alasan kesehatan. Gaya hidup yang Anda jalani pada usia dua puluhan, tiga puluhan, atau empat puluhan akan mengejar Anda seiring dengan bertambahnya usia.

Merupakan hal yang menyedihkan ketika orang-orang hebat tidak memiliki tenaga untuk bekerja atau mengurus cucu mereka atau memanfaatkan semua kebijaksanaan dan koneksi ketika mereka memasuki tahun senior mereka. Mereka memiliki begitu banyak hal untuk ditawarkan. Ini seperti sumur air yang menyegarkan yang kehilangan ember dan talinya. Jika Anda ingin memiliki lebih banyak tenaga, hal ini sangat penting.

- **Makan dengan baik.** Kita terus-menerus dibanjiri dengan informasi diet. Kita semua tahu seseorang yang berpola makan nabati, melakukan keto, mencoba puasa berkala, mengurangi gula, mengamati berat, or atau diet apa pun. Ini yang saya lakukan. Saya memilih air putih sebagai minuman saya. Saya tidak minum alkohol. Saya terutama makan vegetarian. Saya memilih porsi yang lebih kecil saat makan, tetapi saya juga menyukai makanan manis dan saya suka makanan penutup. Saya tiba pada kesimpulan bahwa moderasi dan disiplin sebagian besar waktu berhasil dengan baik. Yang terpenting adalah memiliki niat dan terus melakukan yang terbaik. Dukungan dari teman dan keluarga juga membantu, karena akan sulit untuk bersikap disiplin ketika Anda berada di sekeliling orang-orang yang tidak memiliki fokus yang sama.
- **Tidur untuk memulihkan diri.** Tidur merupakan hal penting, dan badan serta otak Anda memerlukannya untuk pulih. Menurut Mayo Clinic, orang dewasa yang sehat membutuhkan tujuh hingga sembilan jam tidur per malam.[6] Di divisi obat tidur di Sekolah Kedokteran Harvard, para ilmuwan telah menemukan bahwa tidur memainkan peranan penting dalam fungsi kekebalan, metabolisme, ingatan, pembelajaran, dan fungsi-fungsi vital.[7]

Tidak ada yang heroik tentang bekerja hingga larut malam dan merampas waktu tidur Anda. Dalam survei LeaderImpact yang dilakukan secara internal pada lebih dari 500 pemimpin di seluruh dunia, 55 persen dari responden memiliki tidur yang cukup hingga kurang tidur (kurang dari enam hingga tujuh jam). Anda akan perlu membayar kurang tidur ini dengan kinerja yang buruk atau menjadi sakit. Ketika berbicara tentang tubuh Anda, mainkan permainan jangka panjang.

- **Nikmati olaharaga.** Kita semua tahu bahwa kita perlu berolahraga, tetapi banyak dari kita yang tidak melakukannya. Olahraga bisa menjadi pekerjaan rumah bagi banyak orang. Sulit untuk menemukan waktu dalam jadwal yang sibuk atau untuk memotivasi diri sendiri. Manfaat dari olahraga sangat luar biasa. Olahraga bisa mengontrol berat badan, sangat baik dalam mencegah penyakit—terutama yang berhubungan dengan jantung—memperbaiki mood dan melawan kecemasan dan depresi, membantu Anda memiliki kehidupan seks yang lebih baik, dan yang terpenting, meningkatkan energi Anda. Target yang baik adalah aktif setidaknya lima hari seminggu, tetapi buatlah itu menyenangkan. Gabungkan waktu dengan pasangan Anda dengan olahraga. Jalan-jalan bersama, berenang, atau ikut kelas tenis. Lakukan olahraga lagi bersama teman. Saya berhenti bermain sepak bola selama lima belas tahun namun melakukannya lagi dengan sekelompok pria, dan ini merupakan hal yang luar biasa secara fisik dan sosial. Mulailah berlari atau bersepeda di jalan raya, yang kini merupakan golf yang baru. Anda bahkan mungkin menikmati menggunakan celana pendek Lycra. Seperti slogan terkenal Nike, "Just do it."

- **Tersenyum.** Ini mungkin terdengar aneh, tapi dengarkan saya. Dalam sebuah artikel oleh Dr. Earlexia Norwood, tersenyum membantu tubuh kita melepaskan kortisol dan endorfin yang mengurangi tekanan darah, meningkatkan daya tahan tubuh, mengurangi rasa sakit, mengurangi stres, dan meningkatkan sistem kekebalan kita.[8] Orang-orang yang tersenyum lebih mudah didekati, yang membantu membangun hubungan yang, sebagai gantinya, dapat digunakan untuk mempengaruhi dan memberi dampak pada orang lain. Jika Anda ingin menjadi pemimpin yang memberi dampak, jadilah seseorang yang sering tersenyum. Disposisi positif menciptakan lebih banyak energi.

LUANGKAN WAKTU

Bill Gates adalah ahli manajemen waktu dan tidak pernah terlambat datang ke rapat. Seperti yang ia katakan tentang waktu, "Itu adalah satu-satunya yang tidak bisa saya beli." Saya bekerja di industri yang mengharuskan saya mencatat waktu saya. Saya memiliki perencanaan setiap lima belas atau tiga puluh menit setiap harinya dalam seminggu—ya, termasuk akhir pekan. Ada beberapa blok yang lebih besar terisi pada akhir pekan, seperti bermain seluncur salju atau malam permainan bersama keluarga, tetapi disiplin telah tertanam. Saya juga menyisakan waktu di margin atau area yang saya tandai sebagai kegiatan yang tidak direncanakan, tetapi ini jarang terjadi. Waktu ada satu area besar dalam hidup saya, dan saya gila kontrol. Kita tidak tahu berapa banyak waktu kita yang tersisa, dan saya ingin memastikan saya memaksimalkannya.

Tergantung pada tingkat kepemimpinan Anda dan ukuran organisasi yang Anda pimpin, tidak pernah ada cukup waktu. Hari-hari Anda penuh dengan rapat, lebih banyak orang menginginkan perhatian Anda pada hal-hal tertentu, dan ada begitu banyak keputusan yang harus diambil. Mengetahui rapat, proyek atau prioritas apa yang lebih penting adalah tugas yang sulit. Inilah mengapa mengatur waktu sangatlah penting dan Anda tidak dapat menyia-nyiakannya atau membiarkan orang lain menyia-nyiakannya. Berikut adalah empat kunci yang saya dan para pemimpin lainnya yang saya tahu gunakan untuk membantu mengelola waktu:

- **Bangun lebih awal.** Pagi-pagi buta sebelum siapa pun terbangun adalah waktu Anda. Saya bangun pada pukul 5.30 pagi hampir setiap pagi. Ini adalah kesempatan yang bagus untuk berolahraga, merencanakan hari Anda, menulis, dan untuk saya, berdoa dan membaca Alkitab. Sebagian besar dari para pemimpin sukses yang saya tahu adalah *morning people* dan bahkan bangun pagi lebih awal. Ini berarti saya tidur pada pukul 10 malam, karena tidur adalah kuncinya.

- **Jadwalkan segalanya.** Seperti yang telah saya katakan sebelumnya, jadilah seorang yang ahli dalam menjadwalkan segalanya. Ya, segalanya. Anda adalah kapten dari kalender Anda, dan waktu adalah sumber daya Anda. Pastikan semua yang tercatat pada kalender Anda merupakan hal yang penting. Setiap hari Minggu sore, saya memindai kalender saya, meninjau kembali prioritas saya dan kartu skor dari perusahaan, dan merencanakan minggu tersebut. Saya ingin memastikan bahwa saya tidak terganggu dengan rapat atau kegiatan yang tidak perlu atau yang dapat didelegasikan pada orang lain. Ada banyak hal yang bisa Anda lakukan, namun itu bukan berarti Anda harus melakukan semuanya.

- **Buat rapat singkat.** Organisasi yang disiplin dan pemimpin yang disiplin tahu bagaimana menjalankan dan mengatur waktu rapat. Saya benci rapat yang panjang. Rapat berdiri selama lima belas menit atau rapat selama tiga puluh menit adalah standarnya. Saya jarang mengadakan rapat yang lebih lama dari itu. Menurut pengalaman saya, rapat itu seperti air; menggunakan sejumlah ruang yang diberikan padanya. Persingkat standar, dan jika Anda membutuhkan lebih banyak waktu, perpanjang itu. Saya pastikan Anda akan menemukan waktu kosong di kalender Anda dan Anda dapat melakukan lebih banyak hal.

- **Selesaikan lebih cepat.** Ketika Anda mulai mencatat waktu dan menjadwalkan segalanya, Anda akan mulai lebih cepat dalam mengerjakan tugas. Pemimpin yang baik yang menyelesaikan banyak hal bekerja dengan *sense of urgency* dan kecepatan. Mereka memberikan perhatian penuh mereka pada orang-orang tetapi lalu menyerang tugas-tugas mereka agar diselesaikan dengan baik. Kirim email segera ketika Anda tahu Anda dapat melakukannya. Berjalanlah sedikit lebih cepat. Perjelas objektif, ekspektasi, dan berapa banyak waktu yang Anda miliki. Ini mungkin terdengar agak berlebihan, tetapi untuk menjadi pemimpin yang memberi dampak, Anda tidak boleh membuang waktu Anda. Salah satu penjual paling sukses dari perusahaan teknologi adalah Basil Peters. Ia adalah ahli dalam waktu. Perusahaannya, Strategic Exits, adalah klien kami, dan rapat kami dengannya berlangsung sekitar sepuluh atau lima belas menit, ketika dengan klien lain rapat ini akan membutuhkan satu jam atau lebih. Ia baik hati tetapi blak-blakan. Ia menetapkan ekspektasi rapat singkat dan ringkat pada awal hubungan kerja kami. Ia memberitahu Anda berapa banyak waktu yang ia miliki untuk rapat dan sangat jelas dan langsung dengan tanggapannya. Sungguh menakjubkan bagaimana tim saya dapat beradaptasi dan membuat waktu tetap singkat.

DR. DINDI MELAKUKAN INI DENGAN BAIK

Saya pertama kali bertemu dengan Dr. Keith Dindi pada pertemuan LeaderImpact di Manila, Filipina. Anda tidak mungkin tidak melihatnya. Senyum putih lebarnya terlihat cerah di ruangan mana pun dibandingkan kulit gelapnya. Keith adalah seorang ahli bedah jantung di Kenya, memiliki beberapa bisnis di Nairobi, dan telah menjadi relawan di LeaderImpact selama beberapa tahun, memberi pengaruh pada para pemimpin di negaranya. Ia memiliki tiga anak, dan istrinya, Esther, yang juga merupakan dokter penyakit dalam, adalah influencer media sosial yang kuat dengan *handle* Dokter Fitness-nya. Istri saya masih terkagum-kagum dengan otot perutnya.

Seperti yang bisa Anda bayangkan, Keith tidak memiliki banyak waktu. Ketika ia mendeskripsikan hidupnya pada saya, saya bertanya-tanya tentang semua waktu luang saya yang tidak saya kira saya miliki. Antara tuntutan rumah sakit, bisnisnya, kegiatan relawan, dan keluarganya, tidak banyak waktu luang yang tersisa.

"Bagaimana Anda menyesuaikan semuanya dan menjaga hidup Anda tetap pada jalur?" Saya bertanya padanya.

"Ini tidak mudah, tetapi saya memiliki tiga hal yang membantu saya: gajah, burung, dan bunglon," katanya.

"Apa? Itu adalah jawaban teraneh yang pernah saya dengar tentang hal ini. Apa yang Anda maksud?" tanya saya.

Ia mulai tertawa, namun ia lalu menjelaskan pengetahuannya yang dalam. "Dimulai dari gajah karena mereka berukuran besar. Anda tidak bisa tidak melihatnya. Ketika saya memulai hari saya, saya bertanya pada diri saya sendiri, 'Apakah gajah saya di ruangan ini? Apakah satu hal yang saya tahu perlu saya lakukan, tetapi tidak ingin saya lakukan atau yang membuat saya merasa kewalahan?' Ini adalah hal yang saya lakukan pertama kali di pagi hari karena saya baru saja selesai beristirahat dan masih memiliki energi untuk melakukannya.

"Berikutnya adalah burung. Burung adalah makhluk dengan kebiasaan. Ada satu burung yang selalu bernyanyi di dekat jendela saya setiap pukul 6 pagi. Rutinitas harian Anda sangatlah penting, karena ini membuat pikiran, tubuh dan jiwa Anda berjalan dengan lancar. Rutinitas saya adalah bangun pada pukul 6 pagi. Saya melakukan devosi pagi hari di mana saya meluangkan waktu untuk berbicara pada Tuhan dan membaca Kitab Suci, saya berolahraga selama tiga puluh menit, dan saya melakukan panggilan telepon dengan para manajer bisnis saya setelahnya. Saya mencoba untuk menjaga rutinitas ini kecuali jika gajah saya pada hari itu sangat besar, di mana saya akan mengurus gajah tersebut.

"Yang terakhir adalah bunglon. Kadal ini beradaptasi dengan lingkungannya dan selalu berubah—ini adalah makhluk yang paling kreatif. Saya menemukan kreativitas dan pemikiran sebagai senjata rahasia seorang pemimpin. Menurut saya, saya paling kreatif saat larut malam. Sebelum saya tidur, saya biasanya menuliskan ide, pemikiran, atau konsep kreatif yang muncul di benak saya. Ini adalah saat di mana saya bertanya pada diri saya sendiri tentang bagaimana saya bisa beradaptasi dengan dunia yang terus berubah di sekitar saya atau bagaimana saya bisa memotivasi tim saya dengan lebih baik. Pada waktu inilah saya juga mendapatkan inspirasi atau ide untuk lukisan saya."

"Anda bahkan punya waktu untuk melukis juga?" Saya bertanya dengan nada tidak percaya.

"Terkadang, tetapi tidak sesering yang saya inginkan. Kita semua membutuhkan saluran kreatif untuk pikiran dan bakat kita," katanya. "Namun bagaimana saya memprioritaskan gajah, burung dan bunglonlah yang membuat perbedaan."

Ia melanjutkan, "Semua ini adalah tentang hubungan. Hubungan pertama saya adalah dengan Tuhan. Dalam lini pekerjaan saya, Tuhanlah yang membuat saya tetap membumi dan waras. Selain waktu pagi saya bersama-Nya, saya membisikkan doa di sepanjang hari saya, dan saya memulai setiap operasi bedah saya dengan doa. Hubungan terpenting yang berikutnya adalah istri saya. Kami memiliki banyak minat yang sama, dan karena ia berkecimpung dalam dunia medis, ia memahami dunia saya dan juga rasa frustrasi yang saya rasakan saat berurusan dengan pasien. Anak-anak saya adalah yang terpenting berikutnya, dan mereka membuat saya benar-benar membumi. Bagi mereka, saya hanyalah seorang ayah. Saya mencintai dan memanjakan mereka lebih dari yang disukai istri saya, tetapi saya selalu mencoba untuk menyediakan dan membangun bakat dan tujuan keluarga saya. Di sinilah saya bisa memberikan dampak terbesar."

Saya tidak bisa mengatakan hal ini lebih baik lagi!

Merupakan hal yang menyegarkan dan memotivasi untuk berada bersama para pemimpin yang memahami dampak dalam Kehidupan Pribadi mereka. Kita semua bisa memimpin di area ini dengan baik. Ini hanya membutuhkan waktu dan perhatian. Anda juga akan melihat dampak terbesar di area ini selama hidup Anda dibandingkan di area lainnya. Sepenting itu.

KUNCI YANG PERLU DIINGAT

Jika Anda ingin Kehidupan Pribadi Anda kuat, Anda harus unggul dalam hubungan Anda. Untuk bisa melakukannya dengan baik, Anda perlu ingat:

- **Merujuk pada tujuan akhir.** Akan seperti apa pemakaman atau memorial Anda? Siapa yang akan hadir? Legacy apa yang akan Anda tinggalkan? Jadikan gambaran ini sebagai bahan bakar motivasi Anda ketika Anda menjadi orang dan pemimpin yang lebih baik.
- **Waktu berlalu dengan cepat dan hidup ini singkat.** Tidak ada yang tahu kapan waktu kita tiba, jadi kita sebaiknya menggunakan kesempatan yang telah diberikan dan berinvestasi dalam hubungan yang penting.
- **Fokus pada hubungan dalam hidup Anda.** Dimulai dari rumah Anda dan keluar dari sana dengan niat, kejelasan, dan tindakan yang membantu orang lain mencapai tujuan mereka.
- **Temukan sumber daya yang tepat.** Anda memiliki sumber daya pribadi yang terbatas dalam waktu, energi, dan perhatian. Penting bagi Anda untuk berfokus pada area yang penting.

- **Berkomitmen lebih sedikit.** Ini akan membebaskan Anda untuk menjadi lebih intentional dan efektif jika Anda fokus.
- **Penuh dengan energi.** Rawat mesin pribadi Anda dengan kebiasaan makan yang lebih baik, tidur yang nyenyak dan cukup, berolahraga, dan tersenyum. Akan terasa baik untuk terlihat sehat luar dalam.
- **Luangkan waktu.** Waktu adalah sumber daya yang terbatas, jadi jadilah kapten dari kalender Anda dan bangunlah lebih awal. Jadwalkan semuanya, persingkat rapat, dan percepat kerja Anda. Anda tidak menjadi lebih muda, dan dunia membutuhkan Anda untuk memberikan dampak.
- **Manfaatkan gajah, burung dan bunglon Anda.** Seperti yang dikatakan Dr. Dindi, tangani gajah di dalam ruangan terlebih dahulu, buat rutinitas harian yang efektif seperti burung, dan temukan saluran kreatif Anda seperti bunglon.

Beri seperti yang dilakukan Paman Bob. Jangan berikan sesuatu yang diinginkan dunia; berikan apa yang mereka butuhkan yang dapat benar-benar membuat perbedaan. Hadiah ini adalah Anda, waktu Anda, dan perhatian Anda, dan ini dimulai dari orang-orang terdekat Anda.

BAB 7

DIRI EKSTERNAL ANDA

Jika Anda menggabungkan Kehidupan Profesional Anda dengan Kehidupan Pribadi Anda, Anda sedang melihat Diri Eksternal Anda. Diri Eksternal Anda adalah citra Anda. Ini adalah apa yang semua orang lihat dan apa yang Anda ingin mereka lihat. Ini adalah bagaimana dunia memandang Anda dan identitas yang Anda bangun, lindungi, atau bentuk. Masalah di area ini mulai muncul ketika siapa diri kita tidak selalu apa yang kita ingin orang lain lihat.

Saya tumbuh di era ketika kami hanya memiliki satu telepon rumah. Saya tahu, zaman kegelapan. Itu adalah momen monumental ketika kami mendapat panggilan tunggu. Saya bahkan ingat ketika teman saya mendapat kotak kecil yang terpasang di kabel telepon untuk ID penelepon. Mengejutkan. Jadi, ketika saya menerima panggilan telepon di rumah, banyak dari penelepon yang mengira saya adalah kakak perempuan saya. Itu memalukan.

"Hai, apakah ini Marnie?" tanya mereka.

"Tidak, ini bukan Marnie. Ini Braden," jawab saya.

"Oh, maafkan saya. Kamu terdengar seperti saudara perempuanmu," mereka akan berkata begini.

Tidak ada yang lebih buruk bagi seorang remaja laki-laki yang sudah merasa tidak nyaman dengan suara pecah dan dikira sebagai saudara perempuannya. Jadi selama dua bulan, setiap kali saya menjawab panggilan telepon, saya akan menyapa dengan suara saya sedalam mungkin.

Sekarang setelah saya pikir-pikir, saya terdengar konyol.

Saya harap saya dapat mengatakan bahwa saya keluar dari fase berpose ini, tetapi nyatanya tidak. Saya ingat saya mengenakan jersey hoki AAA milik teman baik saya, Matt Reid, ketika saya menghadiri perkemahan hoki musim panas. Badannya lebih besar dari saya, dan ia memberi saya banyak perlengkapan dan peralatan lamanya ketika sudah tidak muat lagi. Saya tidak pernah lolos AAA. Saya adalah anak baru, dan saya ingin para pemain di kemah musim panas tersebut berpikir saya lebih baik dari kemampuan saya sebenarnya. Jersey itu memberi saya sedikit kesombongan ketika saya mengenakannya. Semuanya berjalan dengan baik sampai suatu hari salah satu pemain dari tim AAA teman saya datang ke perkemahan dan melihat saya mengenakannya.

"Hei, Douglas, mengapa kamu mengenakan jerseymu?" Saya tertangkap basah. Itu adalah momen yang canggung.

Hal-hal kecil ini tidak berhenti pada masa remaja saya, tetapi terus berlanjut ke kehidupan saya setelah saya dewasa. Saya berusia dua puluh tujuh tahun ketika saya memulai perusahaan saya, dan saya melakukan konsultasi dan bekerja dengan orang dewasa dengan usia yang jauh lebih tua dalam bisnis mereka. Saya juga terlihat muda, yang akan menguntungkan saya ketika saya berusia tujuh puluh tahun nanti, tetapi saya melihatnya sebagai kekurangan ketika saya sedang memulainya.

Ketika klien bertanya, "Berapa usia Anda?" Saya akan berbohong. "Sekitar tiga puluh tahun."

Seiring dengan bertambahnya usia saya, angka yang saya beritahukan ke mereka semakin besar.

Perasaan tidak aman mendorong saya untuk menciptakan kesan dan citra yang diinginkan bagi orang lain. Saya sudah melewati fase ini, tetapi terkadang saya merasakan dorongan untuk membuat diri saya terlihat lebih baik, terutama ketika saya berada di ruangan dengan orang-orang yang memiliki prestasi.

SELALU AKTIF

Mengelola citra ideal bagi dunia adalah kemampuan yang para pemimpin kembangkan. Pemimpin merasa mereka selalu aktif. Hari-hari kami dipenuhi dengan rapat, permintaan, dan keputusan penting yang harus diambil. Kami memiliki tekanan tenggat waktu, membuat kesepakatan, menjual aset, membayar gaji, dan tetap terdepan di pasar atau kompetitor. Karyawan, pemasok, pelanggan, dan keluarga Anda bergantung pada Anda, dan Anda terlihat memegang kendali, jadi Anda berhati-hati dengan kata-kata yang Anda ucapkan dan informasi yang Anda bagikan. Banyak pemimpin yang merasa kesulitan untuk berteman karena mereka tidak memiliki cukup waktu atau tidak menemukan banyak kesamaan dengan orang lain selain dalam hal bisnis. Selalu aktif dan menjalani hidup sesuai dengan citra yang ingin Anda tunjukkan pada dunia itu melelahkan. Yang lebih buruk adalah hal itu bisa menjadi norma sehingga Anda lupa bagaimana rasanya menjadi diri sendiri. Postur dan preservasi gambar adalah mengapa saya percaya para pemimpin merasa sulit untuk menjadi autentik dan rentan.

Hal ini sangat terbukti ketika saya memimpin grup-grup LeaderImpact. Saya baru-baru ini memulai grup LeaderImpact dengan sekitar lima belas pengusaha yang bertemu di kantor kami setiap hari Jumat. Beberapa dari mereka mengenal satu sama lain dari berbagai kegiatan di komunitas, dalam bisnis, atau gereja, tetapi banyak yang baru pertama kali bertemu. Saya membuka grup dengan meminta semua orang menyebutkan nama, bisnis, dan menjawab tiga pertanyaan ini:

- Bagaimana Kehidupan Profesional Anda (bisnis, pekerjaan, dll.)?
- Bagaimana Kehidupan Pribadi Anda (keluarga, kesehatan, dll.)?
- Bagaimana Kehidupan Rohani Anda (iman—jika ada—kedamaian, pemikiran)?

Tanpa terkecuali, semuanya selalu mengatakan mereka baik-baik saja di semua bidang kehidupan mereka. Luar biasa. Saya telah memimpin banyak grup selama hampir dua belas tahun, dan selalu jawaban yang sama setiap kali kami memulainya. Bahkan ketika saya menyebutkan bahwa kerahasiaan adalah nilai inti dari grup dan bahwa apa yang dikatakan di dalam grup tetap berada di dalam grup. Semuanya masih fantastis. Entah saya sangat pandai menarik para pemimpin terbaik, atau semua orang memutarbalikkan kebenaran hingga taraf tertentu.

Saya paham. Tidak ada yang mau menjadi pria yang membahas masalah mereka dengan sekelompok pemimpin yang baru saja mereka temui. Ini adalah hal yang canggung, namun hal tersebut memperkuat tendensi para pemimpin yang menggambarkan sebuah citra dan menjaganya. Pemimpin ingin dikenal sebagai pemenang, bahkan ketika mereka sedang kalah pada saat itu. Namun, pengembangan dan peningkatan karakter hanya datang ketika kita nyata, melihat kekurangan kita sendiri, dan tidak masalah ketika orang lain yang kita percayai juga melihatnya. Ini adalah alasan adanya Asesmen LeaderImpact. Anda perlu mengenali area dalam hidup Anda yang perlu ditangani untuk menjadi pemimpin yang memberi dampak.

Saya memiliki seorang teman yang merupakan seorang pria yang baik dengan bisnis yang hebat, dan ia terlihat memiliki pernikahan yang luar biasa. Lalu suatu hari, ia mengatakan pada saya, "Braden, pernikahan saya buruk selama bertahun-tahun, dan saya sedang mempertimbangkan untuk bercerai."

"Apa?" Saya bertanya dengan ekspresi tertegun terpampang di wajah saya. "Saya rasa ini sudah berakhir," ia melanjutkan.

Untungnya, ia dan istrinya mencoba untuk memperbaikinya sekarang. Saya tahu apa yang ia rasakan. Ia menganggap saya sebagai seorang teman dekat namun merasa sangat malu karena ia merasa kesulitan dan tidak ingin saya atau yang lainnya berpikir ia gagal atau memiliki hubungan pernikahan yang buruk.

Walaupun ini merupakan sebuah buku kepemimpinan, saya ingin Anda melupakan tentang menjadi seorang pemimpin. Fokuslah untuk menjadi orang yang layak untuk diikuti. Seperti yang saya sebutkan di bab 4, dampak lebih tentang *siapa* Anda dari pada *apa* yang Anda lakukan. Seseorang yang layak diikuti mengetahui siapa diri mereka, mengapa mereka memimpin, dan mereka mengundang serta menginspirasi Anda untuk melakukan hal yang sama.

Harga diri adalah akar dari junjungan citra diri tinggi dan membuat Anda tetap dalam keadaan selalu aktif. Posturing yang tidak sesuai dengan diri Anda yang sebenarnya akan menjadi lebih egois dari waktu ke waktu. Anda akan mulai melihat segala sesuatu dari sudut pandang Anda sendiri, dan Anda akan lebih peduli tentang apa yang Anda inginkan, tujuan Anda, atau impian Anda dibandingkan dengan lainnya, dan ini adalah kebalikan dari dampak.

TUKANG KEBUN DAN PETERNAK KUDA

Salah satu cerita favorit saya yang mengungkapkan kesombongan yang tidak terkendali adalah dari buku Tim, Allah yang Maha Pemurah.[9]

Pada suatu hari, ada seorang tukang kebun yang menanam wortel yang berukuran sangat besar. Jadi ia datang ke istana dan berkata pada raja, "Tuanku, saya adalah seorang tukang kebun, dan ini adalah wortel terhebat yang pernah saya tanam. Oleh karena itu, saya mempersembahkannya pada Anda sebagai tanda kasih dan hormat saya."

Sang raja tersentuh dan memahami hati pria itu. Ia berkata, "Saya memiliki ladang yang terletak di sebelah Anda. Saya akan memberikan ladang ini pada Anda sehingga Anda bisa menanaminya bersama dengan ladang Anda sendiri."

Tukang kebun tersebut pulang dengan hati yang gembira.

Seorang bangsawan di istana tidak sengaja mendengar ini, dan ia berkata pada dirinya sendiri, Sebuah ladang untuk sebuah wortel! Jadi, keesokan harinya, ia menemui raja dengan kuda jantan yang luar biasa. "Saya beternak kuda," katanya, "dan ini adalah kuda terbaik yang pernah saya ternakkan, jadi saya mempersembahkannya pada Anda sebagai tanda kasih dan hormat saya."

Sang raja menilai hatinya dan berkata, "Terima kaih banyak."

Sang bangsawan tidak bisa menyembunyikan kekecewaannya.

Jadi sang raja berkata, "Biar saya jelaskan: tukang kebun memberi saya wortel, namun Anda memberi diri Anda sendiri kuda."

Siapakah Anda? Tukang kebun atau peternak kuda? Jawaban langsung dan jawaban yang benar adalah tukang kebun. Namun, ketika saya membaca kisah ini beberapa tahun yang lalu, saya menyadari saya adalah peternak kuda yang berpakaian seperti tukang kebun.

MEMERIKSA MOTIVASI ANDA

Saya ingin orang-orang berpikir bahwa saya memiliki motivasi yang murni. Bahwa saya adalah orang baik yang peduli pada mereka. Ketika saya merenungkan hidup saya, saya memang peduli, tetapi ada keegoisan yang mendasarinya untuk memastikan bahwa tujuan dan impian saya terpenuhi. Jika saya membantu orang ini, sebagai gantinya mereka juga akan membantu saya. Jika saya baik pada orang lain dan positif, mereka juga akan baik dan membantu saya mencapai apa yang saya inginkan. Ini adalah pemikiran karma. Jika saya melakukan hal yang baik, hal-hal yang baik akan kembali pada saya.

Masalah dengan pemikiran ini adalah bahwa semua ini adalah tentang saya. Apa yang terjadi jika hal-hal yang baik tidak terjadi pada saya? Apakah saya akan berhenti bersikap baik, bijak, dan positif? Hadiah dari Paman Bob—*7 Kebiasaan Manusia yang Sangat Efektif*—membawa saya pada dunia *self-help*. Ini mengubah hidup saya. Ada momentum positif yang mulai terjadi karena saya lebih sadar diri dan memiliki niat tentang pikiran, perilaku, dan tindakan saya. Namun, jika Anda hanya berdiam dalam kesadaran diri, ini juga bisa berdampak negatif. *Self-help* nantinya akan menjadi tentang diri sendiri.

Dampak adalah tentang orang lain. Bukan tentang diri sendiri. Anda harus ingin membantu orang lain untuk sukses karena ini adalah hal yang benar untuk dilakukan. Motivasi Anda tidak seharusnya tentang hasil positif yang datang dari melakukan hal yang benar, tetapi Anda ingin melakukan hal yang benar karena Anda menikmatinya. Ini intrinsik. Ada pemahaman tentang kebenaran moral yang Anda perjuangkan, yang Anda cintai, yang membantu Anda untuk melihat orang lain dengan mata kasih sayang dan empati.

Tindakan Anda tidak seharusnya dimotivasi oleh tugas atau strategi untuk memperoleh hasil tertentu. Saya pernah berada di sekitar orang-orang cerdas yang memahami permainan pengaruh dan mencoba untuk memanipulasi hasil untuk diri mereka sendiri dan organisasi. Ini adalah akar dari politik dalam sebuah organisasi. Tidak ada yang percaya mereka memiliki niat yang jahat. Mereka bermaksud baik untuk organisasi, tetapi niat mereka berfokus pada diri sendiri. Mereka percaya bahwa cara atau strategi mereka adalah yang terbaik.

Saya mempekerjakan seseorang yang merupakan ahli strategi emosional. Ia berada dalam tim eksekutif saya and merupakan orang yang cerdas. Saya tidak tahu sejauh mana strateginya hingga saya bertemu dengannya suatu hari, dan ia mulai berbicara tentang bagaimana ia ingin membuat seseorang di organisasi melakukan apa yang ia inginkan. Ia menguraikan rencana untuk memenangkan kepercayaan orang ini, untuk menanamkan ide seperti ini adalah ide mereka sendiri, dan agar mereka mewujudkannya karena termotivasi oleh promosi. Bagi banyak orang, ini terdengar seperti rencana yang fantastis. Dalam benaknya, ia adalah seorang eksekutif yang baik dan sedang melakukan apa yang terbaik untuk perusahaannya. Bagi saya, ini terlihat seperti manipulasi yang tidak berperasaan. Ini menempatkan kebutuhan perusahaan di atas orang lain. Ini juga membuat saya sadar bahwa saya tidak bisa memercayai orang ini. Di banyak organisasi, Anda perlu belajar untuk bekerja dengan orang-orang seperti ini, tetapi saya tidak harus melakukannya. Saya melepaskannya, yang sebenarnya merupakan harga yang mahal. Budaya kepercayaan lebih penting dalam jangka panjang daripada hasil jangka pendek.

KEYAKINAN INTI

Memiliki motivasi tanpa pamrih untuk kepentingan orang lain bukanlah hal yang wajar. Jika Anda memiliki anak, Anda akan melihat secara langsung bahwa kita pada dasarnya egois. Saya masih ingat ketika anak laki-laki saya mendorong adik perempuannya dan merebut mainan yang sedang ia mainkan. Ini adalah kejadian sehari-hari walaupun kami telah memberikan motivasi kami yang luar biasa.

Motivasi berasal dari apa yang penting. Apa yang penting bagi Anda dan saya adalah tentang apa yang kita hargai. Apakah menghasilkan lebih banyak uang sepadan dengan menghabiskan lebih sedikit waktu di rumah? Apakah rumah yang lebih besar sebanding dengan tekanan keuangan ekstra? Apakah membuat kesepakatan sepadan dengan peluang untuk melukai hubungan? Apakah pergi bersama teman-teman pria adalah pilihan yang lebih baik dari pada kencan dengan istri Anda? Skenario ini tidak benar atau salah. Ini juga tidak melibatkan pelanggaran hukum atau masalah hukum; ini adalah tentang apa yang Anda hargai. Pertanyaan yang perlu Anda tanyakan pada diri sendiri adalah: Mengapa Anda menilai sesuatu berharga?

Motivasi yang mendasari nilai-nilai mengarahkan perilaku Anda dan keputusan yang Anda buat. Pada akhirnya, apa yang Anda nilai berasal dari keyakinan inti Anda. Misalnya, jika Anda yakin bahwa hidup adalah tentang bagaimana Anda bisa maju dan memaksimalkan kesejahteraan Anda, Anda akan berfokus pada hasil tersebut. Jika Anda percaya Anda perlu hidup dan menggunakan uang dengan bijak, mengambil lebih sedikit risiko, dan mengambil keputusan yang berbeda dibandingkan dengan seseorang yang merasa uang hanyalah alat untuk membangun kehidupan terbaik. Apa keyakinan inti Anda? Dari mana keyakinan ini berasal? Apakah mereka berdasarkan agama, apa yang diajarkan orang tua Anda, atau hanyalah kumpulan kepercayaan yang telah Anda kumpulkan selama hidup Anda?

Teman saya Jeremy Laidlaw adalah contoh yang sangat baik dari seorang pemimpin dengan motivasi murni dan keyakinan inti yang kuat. Saya pertama kali bertemu dengan Jeremy di universitas ketika ia bekerja di departemen olahraga, memperbarui, membangun, dan memelihara situs web departemen olahraga. Ia juga masuk program bisnis, dan kami memiliki teman mutual, Stu, yang merupakan anggota tim sepak bola universitas dengan saya. Jeremy adalah seorang yang mengaku kutu buku. Ia tidak menyembunyikannya atau menghindar dari julukan itu, dan apa yang Anda lihat adalah apa yang Anda dapatkan darinya. Ia memulai perusahaan perangkat lunak dan webnya sendiri tidak lama setelah ia mendapatkan gelar-nya dan telah cukup sukses. Namun, yang benar-benar membedakan dirinya adalah keyakinan intinya yang kuat. Bahkan di awal usia dua puluhan, ia memiliki pondasi untuk membantu orang lain, menga-takan kebenaran, bekerja keras, dan lurus secara moral. Ia terkadang sedikit tegang dan tidak fleksibel, tetapi Anda tidak perlu meragukan niat, motivasi, atau karakternya.

Tidak ada yang pernah memiliki masalah dengan Jeremy. Ia memberi dampak pada orang-orang saat ia berada di universitas yang masih terdengar di sana hingga saat ini. Keyakinan inti Jeremi berasal dari pandangan dunia Kristennya. Saya bukan seorang Kristen saat saya berkuliah, tetapi saya mengaguminya karena ia autentik dan jujur pada Diri Eksternalnya. Ia masih pria yang sama bahkan hingga hari ini.

KUNCI YANG PERLU DIINGAT

Mengelola Diri Eksternal Anda adalah kemampuan yang telah diku-asai oleh banyak pemimpin dan eksekutif. Ini bisa menjadi hal yang positif dan efektif, tetapi ini juga memiliki motivasi egois yang bisa menjadi sangat negatif. Ketika berpikir tentang Diri Eksternal Anda dalam konteks dampak, ingatlah:

- **Apa yang memotivasi Anda?** Ketika Anda menghadapi situasi di mana Anda ingin meningkatkan minat dengan memasuk-kan detail tambahan, atau melihat diri Anda terlihat lebih baik, pikirkan tentang apa yang memotivasi Anda. Mengapa Anda merasakan dorongan untuk melakukan ini? Apakah hal ini layak untuk dilakukan? Biasanya ini tidak layak, dan menjadi diri Anda sendiri dan autentik akan selalu lebih baik untuk jangka panjang.
- **Jadilah petani wortel.** Lebih simpel dalam pendekatan Anda pada orang lain dan hidup, dan temukan kebahagiaan dalam apa yang Anda lakukan. Memikirkan orang lain, murah hati, dan

merayakan kesuksesan adalah cara yang baik untuk membangun identitas eksternal.

- **Temukan keyakinan inti Anda.** Setiap kata yang Anda ucapkan dan tindakan yang ambil berasal dari keyakinan inti Anda. Jika Anda menginginkan lebih banyak kebijaksanaan dan jika Anda ingin tindakan Anda membuahkan hasil yang lebih baik dalam kehidupan Anda, periksa keyakinan dan nilai-nilai yang telah membentuk Anda. Itu adalah fondasi untuk identitas yang abadi.

Tekanan untuk melakukan atau memproyeksikan diri tertentu sebagai seorang pemimpin bisa membuat mereka kewalahan. Namun saya ingin mengingatkan Anda bahwa tidak ada siapa pun di dunia ini yang seperti Anda. Tida ada yang memiliki kemampuan Anda, pengalaman Anda, pemikiran Anda, atau hubungan Anda. Semua yang telah Anda capai atau gagal dalam melakukannya telah membawa Anda pada titik ini dalam hidup Anda. Ini adalah siapa Anda. Keaslian penting, motivasi penting, memberi tanpa pamrih—dengan mudah dan tanpa mengharap imbalan, seperti si petani wortel—penting. Tidak perlu berpura-pura untuk menjadi seseorang yang bukan diri Anda, walaupun Anda merasa frustrasi dengan di mana Anda berada sekarang, karena semuanya hanya akan menjadi lebih baik. Anda dapat dan akan menjadi pemimpin yang memberi dampak. Yakinlah dalam pengetahuan bahwa Anda akan selalu menjadi pekerjaan yang sedang dalam proses, tetapi Anda bisa memberi dampak bahkan dengan kekurangan yang Anda miliki.

BAB 8

KEHIDUPAN ROHANI

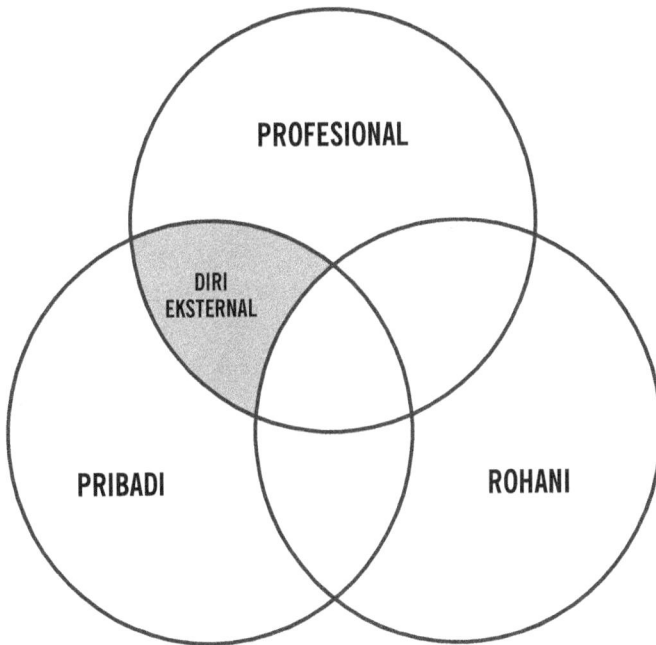

Saya duduk di pinggir ranjang saya di kamar saya, menatap ke cermin yang bertengger di lemari di sampingnya. Saya melihat bayangan saya dan melihat air mata mengalir di pipi saya. Ini adalah pembangun hidup saya.

"Ini bukan saya. Apa yang terjadi?" Saya berkata pada diri saya sendiri. "Tenangkan dirimu, Braden." Namun saya tidak bisa menahannya. Saya terus menangis.

Saya mengingat kembali keputusan-keputusan yang telah saya ambil di sepanjang hidup saya. Dorongan untuk mendapatkan nilai yang baik, popularitas, kegiatan yang akan terlihat baik di CV, program terbaik di universitas yang akan mengarahkan saya pada pekerjaan terbaik, dan memiliki pekerjaan yang memberi gaji tertinggi. Motivasi untuk sebagian besar hal yang saya lakukan adalah untuk pencapaian saya. Untuk menjadi yang terbaik dan menjadi seseorang yang signifikan. Bagian terbaiknya—saya melakukan apa yang ingin saya lakukan.

Dan ini dangkal. Saya adalah genangan air raksasa. Pernahkah Anda melihat dan menginjak genangan air yang besar? Genangan ini memiliki lebar satu mil dan kedalaman satu inci dan tidak ada yang suka berada di sana setelah beberapa waktu.

Saya mengenal banyak orang, tetapi tidak memiliki hubungan yang dekat. Lensa saya untuk pengambilan keputusan adalah selalu tentang saya dan saya menyusun strategi bagaimana setiap keputusan akan membantu saya mencapai tujuan saya. Tentu saja, tidak ada yang tahu sifat asli saya ini, tetapi saya memang berpikir seperti ini, dan ini bukan merupakan hal yang cantik. Saya tahu saya membutuhkan perubahan nyata. Perubahan ini bukan hanya perubahan kegiatan atau tindakan atau karier. Saya membutuhkan perubahan hati, dan saya tahu ini adalah masalah spiritual.

Tetapi saya membenci gereja dan agama.

Saya tumbuh besar pergi ke gereja bersama orang tua saya. Kebaktiannya sangat membosankan, saya tidak memiliki kesamaan dengan anak-anak di sana, dan saya merasa tidak ada sisi positif dari iman, kecuali bahwa itu memberi harapan pada orang-orang yang berpikiran kecil bahwa ada sesuatu yang lebih setelah mereka meninggal. Orang tua saya adalah orang Kristen yang kuat dan selalu berharap saya akan menemukan apa yang mereka temukan.

Sekarang di sinilah saya, bertahun-tahun kemudian, duduk di atas ranjang saya, melihat diri saya hancur berantakan. Saya membuka laci meja nakas saya dan meraih Alkitab yang ditaruh oleh ibu saya di sana ketika beliau membantu saya pindahan. Alkitab itu masih baru.

Saya mulai membaca kitab Lukas dan mencari semua bagian yang memiliki huruf merah. Beberapa Kitab Suci diberi *highlight* dengan warna merah ketika Yesus berbicara sehingga Anda dapat menemukan apa yang Ia katakan dengan lebih mudah.

Yesus melakukan semua mukjizat ini di seluruh kota dan desa di Israel dan mengajar orang-orang bagaimana cara mengenal Tuhan. Banyak orang akan mengikuti-Nya dan ingin pergi bersama-Nya. Ia adalah selebriti yang terbaik pada masa itu. Namun kemudian Ia melakukan sesuatu yang mendalam dan meminta orang-orang sesuatu yang pada akhirnya juga akan mengubah hidup saya.

Jika ada di antara kalian yang ingin menjadi pengikut-Ku, kamu harus menyangkal dirimu, memikul salibmu, dan mengikuti Aku. Tetapi jika kamu mencoba untuk mempertahankan hidupmu, kamu akan kehilangannya. Tetapi jika kamu menyerahkan hidupmu untuk Aku, kamu akan menyelamatkannya. Dan apa manfaatnya jika kamu mendapatkan seluruh dunia tetapi kehilangan jiwamu? Apakah ada sesuatu yang lebih berharga dari jiwamu?[10]

Yesus tidak menginginkan orang banyak atau ketenaran. Ia juga tidak pernah meminta siapa pun untuk percaya pada-Nya. Fokus-Nya ada pada para pengikut-Nya.

"Yowza," saya berseru dan melemparkan Alkitab ke atas ranjang saya seakan Alkitab itu melompat dan menggigit saya. Saya tidak suka membaca apa yang Yesus katakan karena saya ingin hidup saya menjadi milik saya sendiri, tetapi saya menyadari kalau hidup saya bukan miliki saya.

Selama beberapa hari berikutnya saya terus memikirkannya. Apa itu pengikut? Siapa yang saya ikuti? Pada siapa saya memberikan hidup saya?

Saya membutuhkan jawaban tetapi saya tidak terlalu ingin pergi ke gereja.

Saat ini, ada begitu banyak sumber daya online yang bisa dijela-jahi sebagai bahan penelitian, namun pada awal tahun 2000-an lalu, tidak ada yang sebagus itu. Namun saya melihat sesuatu yang menarik perhatian saya. Ada satu gereja baru di daerah saya yang disebut Rumah Pertemuan yang memiliki branding yang baik, yang saya sukai sebagai seorang pemasar. Tetapi apa yang membuat saya tertarik adalah slogan mereka: "Gereja untuk orang-orang yang tidak menyukai gereja." Sempurna—itu saya.

Selama beberapa bulan berikutnya, saya datang setiap minggu. Pendeta yang mengajar adalah seorang pria bernama Bruxy Cavey, seorang komunikator cerdas berambut panjang dengan selera humor yang tajam yang menyukai Star Wars. Ia mengingatkan saya pada versi gemuk dari apa yang saya bayangkan sebagai Yesus.

Saya mengajukan banyak pertanyaan. Jika saya akan mengikuti tokoh sejarah dari dua ribu tahun yang lalu, saya sebaiknya yakin tentang-nya. Saya tentunya tidak ingin dimasukkan ke dalam kategori orang Kristen gila yang saya bersumpah saya tidak akan menjadi seperti itu.

Setelah menyaring dari banyak jawaban klise, saya akhirnya bisa menyaring esensi Kekristenan menjadi satu kata: kasih.

Tuhan adalah kasih. Dan keinginan-Nya adalah agar kita mengasihi-Nya dan mengasihi orang lain.

Kisah, aturan, dan perintah semuanya dirancang untuk membantu membimbing kita menuju kehidupan yang penuh kasih. Pengorbanan Yesus di kayu salib untuk menebus dosa-dosa kita adalah kasih. Ketika Ia bertemu dengan murid-murid-Nya untuk terakhir kalinya sebelum Ia wafat, Ia memberi mereka perintah terakhir: "Kasihilah satu sama lain, seperti Aku telah mengasihimu. Tidak ada kasih yang lebih besar dari ini, kasih yang memberikan nyawanya untuk teman-temannya."[11]

Bahkan The Beatles juga memperkuat gagasan bahwa "All You Need Is Love". Walaupun saya yakin definisi mereka tentang ini berbeda.

Pada titik tertentu, saya harus mengambil kesempatan pada kasih dan membuat keputusan untuk mengasihi Tuhan dan mengikuti Yesus tanpa mengetahui setiap fakta atau detail. Inilah mengapa mereka menyebutnya iman. Ini adalah tentang kepercayaan.

Saat saya dalam perjalanan pulang setelah berkumpul dengan bebe-rapa teman yang saya temui di gereja, saya berkata dengan lantang, "Yesus, saya percaya pada-Mu. Saya menyesal telah hidup untuk diri saya sendiri selama ini. Bantu saya untuk mengikuti-Mu dengan segenap hidup saya." Itu saja. Petir tidak menyambar mobil saya. Saya

tidak merasakan pengalaman keluar dari tubuh. Saya hanya menda-
patkan kedamaian dan fokus baru pada perubahan. Ini terasa seperti
awal yang baru bagi saya, dan hal ini merupakan awal saya memulai
di jalan yang, pada kenyataannya, mengubah hidup saya.

Dalam konferensi Organisasi Pemimpin Wirausaha di Winnipeg, Ray
Pennings, Wakil Presiden Eksekutif dari Cardus Group, mempresen-
tasi hasil studi agama tahun 2019 yang firma dan firma penelitiannya,
Angus Reid, telah diberi kuasa pada tahun 2019. Dalam studi ini,
mereka menemukan bahwa 67 persen orang dewasa Kanada percaya
bahwa Tuhan itu nyata. Namun hanya 16 persen yang menghadiri
kebaktian agama (atau gereja), dan hanya 14 persen yang membaca
teks agama (atau Alkitab). Firasat saya adalah bahwa statistik ini
akan serupa di seluruh dunia, terutama di tempat-tempat dengan
sejarah kolonial Inggris atau Eropa. Ini memberi tahu saya bahwa
orang-orang menyukai gagasan tentang Tuhan, dan mereka mungkin
bahkan menyukai ajaran Yesus, tetapi mereka tidak mengikuti-Nya.

Saya tidak tahu di mana posisi Anda pada topik Tuhan dan Yesus,
tetapi saya pribadi percaya hal ini penting untuk dipahami, karena
ini berkaitan dengan dampak.

MENGAPA KEHIDUPAN ROHANI PENTING UNTUK DAMPAK?

Setiap orang memiliki Kehidupan Rohani, Inilah yang Anda yakini
dan Anda anggap bernilai. Bagi banyak orang, Kehidupan Rohani
mereka terhubung dengan agama atau kekuatan yang lebih tinggi.
Yang lain tumbuh di rumah yang tidak beragama dan menggunakan
hukum dan aturan masyarakat setempat untuk menjadi pemandu
rohani mereka. Banyak orang yang saya ajak bicara hari ini memiliki
campuran keyakinan, seperti koktail moral, yang unik bagi mereka
dan sesuai dengan kehidupan yang mereka inginkan. Kehidupan

rohani mendefinisikan moralitas dan telah mendefinisikan hukum moral untuk masyarakat selama ribuan tahun.

Dengarkan saya. Anda tidak perlu menjadi orang yang religius atau setia pada Tuhan untuk memiliki dampak. Ada contoh-contoh pemimpin yang baik yang memiliki dampak abadi pada orang lain tanpa Kehidupan Rohani yang religius. Namun, saya pikir para pemimpin yang memberi dampak tanpa Kehidupan Rohani yang ditentukan itu jarang. Dunia membutuhkan lebih banyak pemimpin yang memberi dampak. Kehidupan Rohani yang kuat yang didasarkan pada landasan yang teruji dan benar yang terhubung kembali dengan pencipta alam semesta, yaitu kasih. Adalah dasar yang cukup kokoh untuk memulai gerakan yang akan mengubah dunia.

Di permukaan dan dalam budaya konsumeristik kita, pendekatan koktail moral ke Kehidupan Sosial dan hidup menurut hukum terlihat ideal. Namun siapa yang menentukan apa yang benar dan salah secara moral? Apa yang tepat untuk Anda mungkin tidak tepat untuk saya, jadi bagaimana kita menciptakan kesamaan?

Di negara demokratis, partai dengan suara terbanyak memutuskan undang-undang. Apakah mayoritas orang selalu benar? Apakah Anda akan mendasarkan keyakinan Anda pada sekelompok orang yang kebetulan terpilih untuk berkuasa karena popularitas mereka di suatu wilayah kecil?

Bagaimana dengan memaafkan? Bisakah Anda membuat undang-undang bahwa semua orang harus memaafkan orang lain? Secara intrinsik kita tahu bahwa manfaat pengampunan sangat kuat untuk orang dalam memulihkan hubungan dan mencapai keharmonisan dengan orang lain. Pemulihan secara keseluruhan sangat penting bagi masyarakat luas, tetapi kita tidak bisa memaksa orang untuk memaafkan orang lain. Saya mencoba memaksa anak-anak saya untuk saling memaafkan satu sama lain setelah mereka bertengkar—saya tahu kapan mereka melakukannya dengan tulus dan kapan tidak.

Bagaimana dengan keserakahan atau keegoisan? Bisakah kita mengatur apa yang Anda inginkan lebih lagi? Sebagian besar ekonomi yang dibangun dengan mengkonsumsi dan memperoleh hal-hal yang kita inginkan. Bagaimana Anda menentukan apa yang Anda butuhkan akan berbeda dengan orang lain.

Bagaimana dengan membantu orang lain dan menjadi pribadi yang murah hati? Dapatkah Anda memaksa orang lain untuk memiliki motif murni untuk membantu orang lain atau memberikan uang hasil jerih payah mereka? Apakah belas kasihan adalah sesuatu yang bisa dijadikan hukum?

Kehidupan Rohani yang benar bukanlah tentang aturan yang harus diikuti. Beberapa orang percaya bahwa jika mereka mengikuti semua orang dan merupakan orang yang baik, Tuhan akan memberkati mereka, dan hidup mereka akan baik-baik saja. Ini bukan karakter Tuhan. Tuhan mengasihi Anda, dan Ia ingin Anda mengasihi dan menghormati-Nya sebagai gantinya. Jika Anda mengasihi-Nya dan percaya bahwa Ia mengutamakan kepentingan Anda, Anda akan melakukan apa yang Ia minta. Pikirkan seperti ini: Saya mencintai anak-anak saya, dan saya suka menghabiskan waktu bersama mereka. Saya juga mempunya peraturan yang membantu melindungi mereka, yang mungkin tidak mereka pahami atau setujui. Salah satu peraturan tersebut adalah: "Bekerja sebelum bermain." Anak-anak kami harus mengerjakan tugas atau pekerjaan rumah mereka sebelum mereka boleh bermain dengan teman-teman mereka atau menggunakan ponsel mereka. Mereka membenci peraturan ini. Namun saya harap anak-anak saya tidak hanya mengikuti peraturan ini hanya karena takut akan hukuman atau karena mereka menginginkan sesuatu dari saya. Saya berharap mereka mencintai saya dan mengikuti peraturan ini karena mereka percaya bahwa saya tahu apa yang terbaik untuk mereka. Mereka mungkin tidak melihatnya hingga mereka jauh lebih tua dan lebih dewasa, tetapi kepatuhan mereka adalah faktor kepercayaan yang didasarkan pada cinta.

Yesus mengatakan bahwa perintah terbesar dalam Alkitab adalah "kasihilah Allah dengan segenap hatimu, dengan segenap jiwamu, dan dengan segenap pikiranmu."[12] Dan perintah terbesar kedua sama pentingnya: "Kasihilah sesamamu seperti kamu mengasihi dirimu sendiri."[13] Anda akan menyadari bahwa ini adalah masalah hati. Apakah Anda benar-benar mengasihi Tuhan dan mengasihi sesama? Banyak pemimpin yang mengalami kesulitan untuk menyerahkan apa yang mereka inginkan untuk mengikuti Tuhan. Saya paham. Ini sulit. Namun ketika Anda melakukannya, hati Anda akan berubah. Anda akan menjadi orang yang baru dan terus dimurnikan seiring berjalannya waktu. Diri Anda yang baru akan lebih peduli, penuh kasih sayang, pemaaf, dan berhati lembut terhadap orang lain. Postur hati ini yang diperlukan untuk menjadi pemimpin yang memberi dampak.

LAKUKAN PENELITIAN ANDA SENDIRI

Ada orang-orang yang membaca buku ini yang tidak percaya Tuhan, dan itu tidak masalah. Yang saya minta adalah Anda melakukan penelitian dan memahami mengapa Anda mengambil keputusan itu. Jika Anda terus mencari dan bertanya dan berpikiran terbuka, Anda akan menemukan jawabannya. Sebagai seorang pemimpin, Anda cukup cerdas untuk mengambil salah satu keputusan terbaik dalam hidup Anda. Jangan hanya mengabaikannya atau berpikiran tertutup.

Dulu saya bersama seorang pemimpin yang mengatakan pada saya bahwa ia tidak percaya Tuhan karena ia tidak menyukai orang-

orang Kristen di kota asalnya. Ia berpikir mereka palsu, dan pengusaha-pengusaha terburuk yang berbisnis dengannya juga adalah orang-orang Kristen. Ada banyak orang yang menyebut diri mereka Kristen tetapi tidak menjalaninya dengan baik. Banyak yang merupakan orang fanatik, picik, tidak cerdas, atau kejam, tetapi ini tidak mengubah siapa Tuhan itu. Ada banyak orang yang mengaku sebagai pemain sepak bola, tetapi ketika Anda melihat mereka bermain, terlihat jelas bahwa mereka tidak bisa bermain dengan baik. Ini tidak berarti sepak bola adalah olahraga yang buruk dan Anda tidak seharusnya bermain sepak bola; ini hanya berarti orang-orang ini adalah representasi yang buruk dari hal yang nyata. Hal yang sama berlaku untuk orang Kristen. Hanya karena mereka buruk dalam hal itu, bukan berarti Tuhan tidak baik

BUKTI KEHIDUPAN ROHANI YANG KUAT

Paulus dari Tarsus adalah orang Kristen pertama yang membawa pesan Yesus ke orang-orang selain orang Yahudi. Sebagian besar Perjanjian Baru dalam Alkitab ditulis oleh Paulus saat ia mengajar dan membantu orang-orang Kristen baru ini menjalani Kehidupan Rohani yang kuat. Ia memberi tahu mereka melalui surat pada orang-orang Kristen di Galatia (kini Turki) bahwa Anda akan tahu jika Anda memiliki Kehidupan Rohani yang kuat jika delapan kualitas ini ada dalam hidup Anda.

1. Kasih
2. Sukacita
3. Damai sejahtera
4. Kesabaran
5. Kemurahan
6. Kebaikan
7. Kelemahlembutan
8. Penguasaan diri

Ciri-ciri ini lebih umum dikenal sebagai "buah Roh".[14] Sama seperti Anda mengetahui pohon apel yang baik dari rasa, ukuran, dan keindahan apel-apelnya, Anda dapat mengetahui Kehidupan Rohani Anda dari ciri-ciri ini dalam hidup Anda.

Apakah hidup Anda menghasilkan jenis buah ini?

KASIH

Kasih memiliki banyak arti dengan begitu banyak budaya. Ini didefinisikan sebagai perasaan kasih sayang yang dalam. Anda bisa mengatakan Anda mengasihi seseorang, tetapi ini sebenarnya ditunjukkan dengan tindakan. Dalam salah satu surat lain untuk orang-orang Kristen, Paulus perlu menjelaskan apa itu kasih untuk membantu orang-orang memahami bagaimana menjadi seseorang yang mengasihi.

Kasih itu sabar dan murah hati. Kasih itu tidak cemburu atau sombong atau bangga atau kasar. Kasih tidak menuntut caranya sendiri. Kasih tidak mudah marah, dan kasih tidak menyimpan catatan tentang perbuatan yang salah. Kasih tidak bersukacita karena ketidakadilan tetapi bersukacita setiap kali kebenaran menang. Kasih tidak pernah menyerah, tidak pernah kehilangan keyakinan, selalu penuh harapan, dan bertahan melalui setiap situasi.[15]

Bagian ini seringkali dibacakan pada pesta pernikahan, namun saya yakin hal ini jauh melampaui pernikahan. Ini adalah resep untuk hidup. Yesus bahkan berkata pada murid-murid-Nya bahwa dunia akan tahu kamu adalah pengikut-Ku melalui caramu saling mengasihi. Bagaimana Anda menunjukkan kasih dalam hidup Anda?

SUKACITA

Sukacita diartikan sebagai perasaan senang dan bahagia, namun menurut saya definisi ini terbatas pada emosi. Mengejar emosi adalah seperti mencoba untuk menjadi kaya. Kapan Anda tahu Anda telah mencapainya? Pada penilaian pemimpin, 75 persen responden menyatakan mereka ingin merasakan lebih banyak sukacita dalam hidup mereka. Itu adalah angka yang besar, tetapi sekali lagi, ini mungkin berdasarkan berbagai definisi yang ada tentang apa itu sukacita.

Saya percaya sukacita adalah jaminan yakin akan hasil yang positif. Jika Anda adalah seorang Kristen, Anda tahu bahwa Anda akan berada di surga suatu hari nanti. Anda telah memenangkan hadiah luar biasa yang sebenarnya tidak pantas Anda dapatkan. Ini adalah hadiah gratis karena apa yang Yesus berikan—hidup-Nya. Pemahaman ini harus mengisi Anda dengan emosi positif yang abadi. Inilah mengapa sukacita tidak berubah seiring dengan situasi. Anda bisa tetapi menjadi orang yang bersukacita dan sedih atas situasi saat ini pada saat yang bersamaan. Sebagai seorang pemimpin, orang-orang senang berada di sekitar orang lain yang bersukacita. Ini adalah kualitas yang menarik dan dibutuhkan pada saat krisis, kehilangan, pandemi, dan masa sulit. Sukacita mengangkat semangat orang lain. Pemimpin mana yang tidak ingin dikenal karena hal ini?

DAMAI SEJAHTERA

Paulus adalah seorang Ibrani, dan pemahamannya tentang kedamaian berbeda dengan pandangan dunia modern atau Barat. Kita melihat kedamaian sebagai ketiadaan konflik. Namun, bagi Paulus, kedamaian atau "shalom" berarti damai dalam pikiran, badan, atau *estate*, yang merupakan alasan mengapa "shalom" digunakan sebagai salam. Makna yang mendasarinya adalah untuk menangkap rasa keutuhan atau kelengkapan. Dalam definisi ini, Anda tidak akan menemukan konflik, dan Anda juga akan memiliki lebih banyak lagi yang akan mencegah terjadinya konflik.

Sebagai seorang pemimpin, Anda mengatur suasana hati dalam budaya kerja dan rumah Anda. Apakah ada rasa damai (keutuhan, kelengkapan, kepuasan) di tempat-tempat di mana kepimpinan Anda ada? Lingkungan ini memungkinkan pengambilan keputusan yang lebih baik dengan tidak adanya politik dan gangguan. Akankah orang lain merasakan keutuhan dan kedamaian dalam hidup atau kepemimpinan Anda?

KESABARAN

Saya terobsesi dengan waktu, dan saya berorientasi pada tujuan, jadi sifat karakter dari kesabaran adalah hal yang sulit bagi saya. Ini mungkin merupakan hal yang sulit bagi banyak pemimpin, terutama yang bergolongan darah A. Saya ingin memberi Anda perspektif baru tentang kesabaran yang menurut saya akan membantu saat Anda menjadi pemimpin yang memberi dampak.

Kesabaran bukanlah bermalas-malasan. Kesabaran tidak menunggu dan tidak produktif atau menerima kinerja yang buruk. Kesabaran adalah kapasitas Anda untuk menerima atau mentolerir penundaan atau penderitaan tanpa menjadi marah atau kesal. Ini adalah ciri-ciri karakter kesabaran. Mengapa hal ini penting bagi seorang pemimpin? Karena orang dan situasi tidak selalu bekerja atau sesuai dengan linimasa atau ekspektasi Anda. Terkadang hal ini akan mengecewakan Anda. Bagaimana Anda menanggapinya akan membuat perbedaan besar.

Saya mengangkat seorang manajer pemasaran baru yang saya rasa tidak memahami pekerjaannya. Ia terus-menerus mengajukan pertanyaan, dan hasil pekerjaannya hanya rata-rata. Selain itu, saya juga sibuk. Saya mulai merasa frustrasi, dan suatu hari, ketika ia datang untuk mengajukan pertanyaan lain, saya kehilangan kesabaran saya. Ia lalu meninggalkan kantor saya sambil menangis. Yang saya lakukan tidak membantu membangun budaya positif yang sabar. Saya merasa buruk dan memanggilnya kembali ke kantor saya lagi pada hari yang sama. Ia tiba dengan enggan yang duduk di kursi, siap untuk ronde kedua.

"Maafkan saya," saya memulai. "Saya seharusnya tidak kehilangan kesabaran, dan saya menyakiti Anda dalam prosesnya. Bisakah Anda memaafkan saya?" tanya saya. "Bagaimana saya bisa membantu Anda sehingga saya dan Anda sama-sama dapat melihat hasilnya?"

(Untungnya) ia memaafkan saya. Dan ia menjelaskan bagaimana kurangnya pelatihan dan proses orientasi benar-benar menghambatnya. Ia benar. Saya mengharapkan ia paham bagaimana semuanya berjalan dan apa yang saya harapkan tanpa pelatihan awal yang tepat. Sejak saat itu, ia berubah menjadi karyawan yang hebat, dan kami meiliki proses orientasi dan pelatihan yang lebih baik karena hal ini. Kurangnya kesabaran saya hampir membuat saya kehilangan seorang karyawan yang hebat.

Bagaimana Anda dalam menerima atau mentolerir penundaan atau penderitaan?

KEMURAHAN

Ini adalah kualitas bersikap ramah, murah hati, dan penuh perhatian terhadap orang lain. Kehidupan Rohani yang kuat akan memberi Anda hati yang ingin membantu orang lain. Anda tidak memberi karena perasaan bersalah atau mengharapkan sesuatu sebagai gantinya. Anda memberi karena Anda adalah orang yang murah hari, dan itu adalah apa yang Anda lakukan. Pemimpin yang memberi dampak murah hati, dan mereka meluangkan waktu untuk berinvestasi pada orang lain karena mereka peduli.

Bekerja dengan ratusan pemimpin, saya menemukan bahwa pemimpin yang murah hati memiliki pemahaman dan wawasan lebih baik tentang pelanggan dan konsumen. Pemimpin yang murah hari dapat mengambil keputusan produk yang lebih baik, meluncurkan kampanye yang lebih sukses, dan bahkan merekrut karyawan yang lebih baik, karena mereka menumbuhkan kepercayaan dengan lebih mudah. Murah hati itu penting.

Apakah orang-orang yang paling mengerti Anda akan mendeskripsikan Anda sebagai orang yang murah hati?

KEBAIKAN

Kebaikan adalah berkomitmen untuk melakukan apa yang benar secara moral. Kebaikan memilih yang baik dan bukan yang jahat. Jika Anda adalah seorang Kristen, Anda mengikuti perintah Allah, bukan karena kewajiban tetapi karena Anda mengasihi-Nya dan ingin memuliakan-Nya. Jika Anda tidak memgikuti agama tertentu, ini bisa berarti mengejar standar etika dan moral.

Sebagi seorang pemimpin, Anda dihadapkan pada keputusan penting setiap harinya, dan seorang pemimpin yang memberi dampak memastikan keputusan mereka selalu jujur. Baik dalam menetapkan kontrak, membayar pajak, melaporkan hasil, berkomunikasi dengan pelanggan dan karyawan—atau sejumlah masalah lain yang Anda tangani—pemimpin dengan kualitas kebaikan selalu melakukan hal yang benar.

Apakah Anda bekerja dengan kebaikan dalam setiap aspek kehidupan Anda?

KELEMAHLEMBUTAN

Sekilas, kelemahlembutan dan kepemimpinan sepertinya tidak terlihat bisa bersatu. Istilah *kelemahlembutan* memberi saya gambaran mental tentang orang-orang yang bersuara lembut yang secara fisik lemah dan pendiam. Saya tidak ingin menjadi seorang pemimpin seperti ini. Namun gambaran ini bukanlah apa yang dimaksudkan oleh Paulus ketika ia menulis surat ini pada orang-orang Kristen di Galatia yang menghadapi banyak penganiayaan dari orang lain karena iman mereka. Kelemahlembutan adalah kemampuan untuk tetap rendah hati dan penuh kasih terhadap pergumulan atau kekurangan yang dimiliki orang lain.

Kelemahlembutan sebagai seorang pemimpin adalah hal yang sulit. Pemimpin biasanya berbakat dalam bidang tertentu, beroperasi pada kapasitas yang lebih tinggi, dan mungkin memiliki keinginan atau IQ yang lebih tinggi—jadi bagaimana mereka menghadapi orang-orang yang tidak berada pada level mereka? Apakah mereka meremehkannya? Apakah pemimpin merasa superior dibandingkan orang lain? Kelemahlembutan adalah tentang bagaimana Anda menangani dan bekerja dengan orang lain, terutama mereka yang tidak sekuat Anda di area tertentu. Pandangan Anda terhadap karyawan dan bagaimana Anda memperlakukan pemasok adalah indikasi yang sangat baik dari sifat karakter ini dalam hidup Anda. Bahkan jika Anda mendapatkan hasil dari pendekatan yang bermuka masam atau mendominasi, ini tidak berarti benar. Hasil adalah sebagian kecil yang penting. Dampak adalah apa yang harus Anda perjuangkan. Apakah orang-orang yang berada di bawah pengaruh Anda atau yang berurusan dengan Anda memandang Anda sebagai orang yang lemah lembut dan rendah hati?

PENGENDALIAN DIRI

Paulus menyebutkan ciri-ciri ini sebagai yang terakhir. Ini adalah poin terakhir. Mengapa ia melakukan ini? Saya pikir itu karena pengendalian diri adalah minyak yang memungkinkan Anda terus melakukan sifat karakter lainnya. Pengendalian diri adalah menjadi menjadi tuan atas emosi, keinginan, dan perilaku Anda. Kasih, sukacita, kedamaian, kesabaran, kemurahan hati, kebaikan, dan kelemahlembutan semuanya memerlukan Anda untuk memiliki niat dan untuk bertindak. Memiliki niat itu mudah, tetapi mempraktikkannya, atau menahan diri, memerlukan pengendalian diri.

Saya sedang berkendara di sepanjang jalan kembali ke rumah saya sepulang kerja ketika suhu di luar turun. Saya memegang kendali penuh atas mobil hingga saya menabrak es. Mobil lalu bergerak ke arah parit, dan saya merasa sangat gugup. Walaupun saya menginjak rem atau membanting setir, tidak ada yang dapat saya lakukan. Untungnya, saya berhenti ketika bagian depan mobil tepat berada di tepi parit.

Lepas kendali atas emosi, pikiran, atau perilaku Anda pada akhirnya akan menempatkan hidup Anda di dalam parit. Berapa banyak pemimpin yang Anda kenal yang telah merusak kesepakatan, kontrak, atau bisnis karena mereka tidak melatih salah satu dari karakter ini? Sayangnya, saya tahu ada banyak dari mereka, dan ini sebenarnya sangat disayangkan, karena sebenarnya hal ini tidak perlu terjadi. Pengendalian diri, seperti karakter lainnya, dapat dilatih. Anda dapat meningkatkan dan terus menjadikan sifat-sifat ini sebagai bagian yang lebih besar dari karakter dan Kehidupan Rohani Anda.

Bagaimana dengan tingkat pengendalian diri Anda?

TETAP TERHUBUNG

Kedelapan ciri-ciri karakter ini akan sangat bermanfaat bagi pemimpin, dan kita seharusnya ingin melihat ciri-ciri ini hidup dengan baik dalam diri kita semua. Namun, kita tidak dapat mencapainya dengan kekuatan kita sendiri. Jika Anda adalah seorang pemimpin, Anda memiliki etos kerja yang baik dan mungkin juga memiliki kepastian yang lebih untuk bekerja dibandingkan orang lain. Ketika Anda melihat daftar sifat-sifat yang dapat membantu Anda, secara alami Anda akan ingin mulai mengerjakan dan mewujudkannya. Namun Anda perlu berhati-hati terhadap motivasi di balik sifat-sifat ini.

Yesus membahas masalah ini pada malam sebelum wafat-Nya. Ia sedang makan malam dengan murid-murid-Nya (atau "Perjamuan Terakhir"), dan Ia berkata pada mereka, "Akulah pokok anggur; dan kamulah ranting-rantingnya. Barangsiapa tinggal di dalam Aku dan Aku di dalam dia, ia berbuah banyak, sebab di luar Aku kamu tidak dapat berbuat apa-apa."[16]

Apa yang Ia maksud dengan "di luar Aku kamu tidak dapat berbuat apa-apa"? Ada banyak sekali orang-orang yang melakukan hal yang baik dengan ciri-ciri ini yang tidak percaya atau tidak mengikuti Yesus. Lalu apa yang sebenarnya Yesus maksud?

Yesus sedang mempersiapkan murid-murid-Nya untuk menjadi pemimpin dalam gerakan baru. Mereka akan melayani orang lain. Mengorbankan diri mereka sendiri untuk kebaikan yang lebih besar. Mereka akan menghadapi penyiksaan dan penganiayaan. Namun mereka juga akan melihat dan melakukan mukjizat. Kerumunan orang akan berbondong-bondong mengikuti mereka dan memuji mereka sebagai pemimpin yang hebat. Orang-orang akan menawarkan uang pada mereka sebagai imbalan atas kekuatan Tuhan. Murid-murid ini akan perlu untuk memiliki sifat-sifat ini agar dapat memimpin dengan baik, tetapi mereka perlu berlabuh secara rohani dalam hubungan dengan Yesus, atau semua ini akan menjadi sia-sia.

Ini adalah poin Yesus dan alasan Kehidupan Rohani yang kuat, berakar dengan-Nya, dibutuhkan para pemimpin yang memberi dampak.

LAHIR SEBAGAI PEMBERONTAK

Lorne adalah teman saya, seorang pemimpin yang hebat, dan presiden dari perusahaan komunikasi yang sukses dengan rantai ritel, penjualan perusahaan, perbaikan, dan aksesoris. Ia memiliki watak rendah hati dan Kehidupan Rohani yang dalam, tetapi ia tidak seperti ini dari awal.

"Hidup saya dulunya berantakan. Saya tidak memiliki kehidupan rohani di masa remaja dan awal usia dua puluhan, dan saya melakukan apa apun yang ingin saya lakukan. Tidak lama kemudian, gaya hidup saya yang sering minum dan berpesta membuat saya bergaul dengan orang yang salah," katanya. "Di awal usia dua puluhan, saya mendapat masalah dengan hukum, dan saya harus mengeluarkan banyak uang untuk biaya pengacara agar saya tidak masuk penjara."

"Apa yang terjadi? Bagaimana Anda mengubahnya?" tanya saya dengan nada tidak percaya.

"Seorang wanita," katanya sambil tersenyum. "Saya berpacaran dengan Ingrid, dan saya ingin ia tinggal bersama saya."

"Tidak," kata Ingrid padanya. "Kita perlu menikah di gereja, atau kita putus."

"Tidak mungkin seorang pendeta akan menikahkan kita. Tidak dengan masa lalu saya," balas Lorne.

Ia mencintai Ingrid. Ia akhirnya menemukan seorang kerabat jauh yang akan menikahkan mereka pada bulan Februari. Namun, segera setelah mereka menikah, Lorne menyadari bahwa pernikahan bukanlah solusi untuk masalah-masalahnya. Ia masih minum-minum terlalu banyak dan bekerja lebih keras dalam bisnis.

"Saya tahu pernikahan saya akan segera berakhir jika saya tidak berubah," katanya. "Saya juga muak dan lelah melihat ke belakang ketika saya berada di depan umum atas hal-hal buruk yang telah saya perbuat dalam kehidupan orang lain," ia melanjutkan.

Pada bulan September di tahun yang sama, pendeta yang menikahkan mereka mengunjungi rumah Lorne untuk mengecek dirinya dan Ingrid. Setelah kunjungan singkat, pendeta tersebut berkata bahwa Tuhan masih mengasihi Lorne dan punya rencana atas hidupnya. Lorne hanya perlu datang pada Tuhan dan meminta pengampunan serta mulai mengikuti-Nya. Semudah itu. Siang itu, Lorne dan Ingrid memutuskan untuk percaya pada Yesus dan mengikuti Tuhan dengan sepenuh hati.

"Itu bukan hal yang mudah. Kami memberi tahu teman-teman kami dan kami kehilangan hubungan dengan mereka, yang merupakan hal yang sulit walaupun kami tahu hubungan tersebut tidak sehat. Saya juga mencoba untuk menebus kesalahan pada orang-orang yang telah saya sakiti di masa lalu. Itu adalah hal yang menantang dan membuat rendah hati. Walaupun memilih Tuhan tidak mudah, apa yang saya dapatkan sepadan," kata Lorne. "Saya memiliki kedamaian dan dasar untuk hidup saya yang lebih baik dari apa pun yang dapat saya miliki."

Lorne dan Ingrid menikah dan bahagia sejak saat itu dan kini memiliki empat anak dan sebelas cucu. Ia terus memimpin kelompok LeaderImpact di kotanya dan membimbing para pemimpin satu-ke-satu. Ia sangat percaya bahwa Kehidupan Rohani yang kuat sangatlah penting untuk memberi dampak karena Kehidupan Rohani membantu Anda memahami bahwa kepemimpinan bukanlah tentang Anda, dan bahwa transparansi dan kejujuran selalu merupakan keputusan yang tepat, bahkan jika pada akhirnya itu menimbulkan kerugian.

Nasihatnya untuk para pemimpin adalah membuat jalan lurus menuju garis akhir dalam hidup Anda. Tutup setiap pintu dan katakan tidak pada apa pun yang membawa Anda keluar dari jalur untuk melakukan apa yang benar dan hidup dalam integritas. Kehidupan Rohani yang kuat dan berada bersama orang lain yang membuat Anda bertanggung jawab akan memampukan Anda untuk melakukan ini.

KUNCI YANG PERLU DIINGAT

Setiap orang memiliki Kehidupan Rohani, yang menciptakan dasar bagi nilai, pikiran, dan tindakan Anda. Di LeaderImpact, kami percaya bahwa untuk menjadi pemimpin yang memberi pengaruh yang abadi, Kehidupan Rohani Anda perlu didasarkan pada kasih pada Tuhan dan menjadi seorang pengikut Yesus. Dari sinilah perasaan tidak mementingkan diri sendiri dan kekuatan untuk melayani berasal. Untuk membantu Anda di sepanjang jalan ini, ingatlah:

- **Lakukan penelitian.** Pahami siapa Tuhan itu dan mengapa Yesus begitu penting. Jika Anda terus mencari dan bertanya dan terbuka, Anda akan menemukan jawabannya. Anda adalah seorang pemimpin, dan Anda cukup pintar untuk mengambil salah satu keputusan terpenting dalam hidup Anda. Jangan hanya mengabaikannya atau berpikiran tertutup. Tuhan itu sabar dan sedang menunggu Anda.

- **Latih "buah Roh" Anda.** Ciri-ciri karakter yang Paulus sebutkan memberi kita standar yang baik untuk diperjuangkan. Catat bagaimana Anda melakukannya di area-area ini, dan jawab pertanyaan yang saya ajukan untuk setiap sifat. Terus latih dan tingkatkan. Semuanya bekerja sama untuk menciptakan salad buah kepemimpinan yang baik yang disukai oleh banyak orang.

- **Latih Aturan Emas.** Banyak dari kita yang mengetahui Aturan Emas: "Lakukan pada orang lain apa yang Anda ingin mereka lakukan pada Anda." Jika Anda mempraktikkan aturan ini dalam hidup Anda dan mengambil keputusan berdasarkan aturan ini, Anda akan berada jauh di depan sebagai seorang pemimpin yang memberi dampak. Isadore Sharp melembagakan Aturan Emas sebagai nilai inti utama dari rantai hotel mewah Four Seasons dan menggunakannya sebagai dasar atas budaya pelayanan mereka yang luar biasa itu. Anda. Hal ini juga bisa berlaku untuk Anda, perusahaan Anda, dan hidup Anda. Rasul Paulus menyatakan bahwa kita semua memerlukan iman, harapan, dan kasih, tetapi yang terbesar adalah kasih. Seorang pemimpin yang memiliki dampak pada akhirnya akan berada dalam bisnis mencintai orang lain. Untuk melakukan ini, kita memerlukan Kehidupan Rohani yang kuat. Menjadikan Kehidupan Rohani Anda bagian dari identitas Anda dimulai dari Diri Internal Anda.

BAB 9

DIRI INTERNAL ANDA (KEHIDUPAN PRIBADI DAN ROHANI)

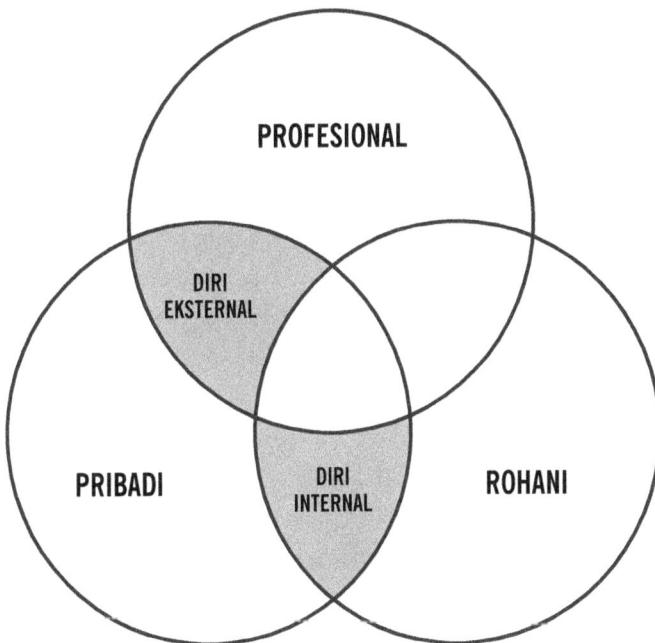

Pada tahun 1988, saya duduk di kelas empat, mengendarai sepeda di jalanan dekat rumah bersama dua teman saya. Kebetulan saat itu adalah pembersihan musim semi, dan para tetangga sedang membersihkan garasi dan meletakkan barang bekas mereka di tepi jalan untuk diambil oleh truk kota keesokan paginya. Saat kami lewat, pasangan tua yang sedang membawa kotak keluar dari garasi mereka melambai pada kami.

Wanita itu mengenakan jins dan baju hangat merah longgar; ia meletakkan sebuah kotak besar di depan kami.

"Putra kami sudah lama keluar rumah, dan kami sedang membersihkan barang-barangnya," katanya. "Ia punya semua kartu hoki ini. Apakah kalian menginginkannya?"

Kami tidak perlu berpikir dua kali tentang itu. "Ya!" Kami berteriak (mungkin dengan serempak) dan melompat dari sepeda kami untuk berlomba menuju harta karun yang baru ditemukan yang—oleh putaran takdir yang indah—menemukan jalannya pada kami.

Bicara tentang mendapatkan jackpot. Kartu hoki ini berasal dari tahun 1960-an, 70-an, dan 80-an, dan dalam kondisi yang cukup baik. Kami memisahkannya menjadi tiga tumpukan, memastikan ketiganya sama tinggi. (Hei, ketika Anda berusia sembilan tahun, ini adalah tolak ukur Anda.)

Ada banyak jenis kartu dengan nama-nama besar di hoki: Bobby Orr, Gordie Howe, Frank Mahovlich, dan Phil Esposito. Di dalam tumpukan saya ada sebuah kartu rookie O-Pee-Chee Wayne Gretzky tahun 1979. Saya sangat terkejut atas keberuntungan saya, karena Wayne Gretzky bisa dibilang pemain terbaik yang pernah ada.

Minggu berikutnya di sekolah, kami menunjukkan kartu kami pada teman-teman sekelas kami dan menyortirnya saat istirahat. Salah satu teman saya mengundang saya ke rumahnya untuk menunjukkannya pada kakak-kakak laki-lakinya, yang merupakan kolektor kartu hoki dan berpikir mereka dapat memberi tahu saya berapa harga semua kartu-kartu tersebut. Merasa cukup keren untuk berada di antara siswa sekolah menengah yang lebih tua dan bahkan lebih keren, saya datang dengan membawa kemenangan saya.

Setelah melihat kartu-kartu saya, mereka mengatakan pada saya, "Braden, kartu-kartu ini bagus, tetapi kartu Wayne Gretzky ini palsu dan tidak ada artinya. Maaf."

Melihat kekecewaan di wajah saya, mereka menawari saya sebuah poster Montreal Canadiens dan beberapa kartu pemain Montreal dari tahun tersebut sebagai ganti kartu Wayne Gretzky. Bersyukur atas bantuan kecil ini, saya menyetujuinya.

Saya pulang ke rumah tetapi tidak memberi tahu orang tua saya tentang kabar buruk ini: bahwa kartu rookie Wayne Gretzky yang mereka anggap berharga sebenarnya palsu. Beberapa bulan kemudian, teman saya dan kakak-kakak laki-lakinya yang murah hati ini pindah ke Calgary. Setelah kepindahan mereka, beberapa siswa kelas atas di sekolah saya memberi tahu saya bagaimana kakak-kakak teman saya membanggakan diri karena telah menipu saya dengan menukar kartu rookie Wayne Gretzky dengan poster Montreal Canadiens yang tidak berharga.

Hari itu, saya pulang mengendarai sepeda saya lebih cepat dari yang pernah saya lakukan. Saya menyerbu ke kamar saya, merobek kartu-kartu yang mereka berikan pada saya, duduk di samping tempat tidur saya, dan menangis. Itu adalah pengalaman nyata pertama saya dengan kepercayaan yang rusak, dan saya tidak pernah melupakan perasaan itu. Tidak lama setelah pertukaran yang lalu, keluarga mereka pindah ke tempat lain. Kartu saya lenyap, dan saya tidak memberi tahu orang tua saya selama berbulan-bulan setelahnya.

Namun ini adalah pemacunya. Bukannya saya bersumpah untuk tidak pernah melakukannya pada orang lain. Saya marah pada diri saya sendiri karena terkena penipuan yang mereka lakukan. Saya berpikir itu adalah kesalahan saya, bahwa saya seharusnya lebih berhati-hati, dan mereka beruntung bisa mendapatkan kesepakatan yang menguntungkan dengan saya yang menanggung kerugian.

Namun hal ini menyebabkan beberapa hasil negatif.

Untuk waktu yang lama setelahnya, saya akan menipu anak-anak dengan kartu olahraga mereka atau cemilan makan siang atau apa pun yang saya inginkan. Saya terluka, dan saya bersumpah tidak akan pernah menjadi korban lagi. Perlu waktu lama dan Kehidupan Rohani yang kuat untuk melepaskan saya dari jalan ini.

Berapa banyak pemimpin yang beroperasi dengan pandangan dunia dengan luka? Bagaimana ini menentukan jenis dampak yang akan mereka berikan? Adakah keyakinan yang membuat Anda berpikir atau bertindak dengan cara yang tidak memberikan hasil yang positif bagi semua orang?

Dalam kursus Foundations di LeaderImpact, yang perlu dilakukan oleh setiap pemimpin setelah menjadi anggota, kami terlibat dalam latihan Riwayat Hidup. Latihan ini melibatkan penulisan pengalaman hidup, hubungan, mendefinisikan momen, luka, dan Kehidupan Rohani dalam berbagai tahap, seperti masa kanak-kanak, remaja, dewasa muda, dan saat ini. Ini tidak membutuhkan waktu sebanyak yang Anda kira. Jika Anda tidak pernah melakukan latihan ini, latihan ini sangat membuka mata dan menunjukkan Anda pola dalam hidup Anda sebagai seorang pemimpin. Pola seperti ketidakpercayaan, hubungan yang rusak, ketekunan, atau dukungan yang Anda terima pada saat-saat kritis. Prestasi biasanya merupakan kenangan yang indah, tetapi luka-luka (seperti momen kartu rookie

Wayne Gretzky saya) meninggalkan bekas yang dapat membentuk perilaku kita. Diri Internal Anda adalah pembawa momen di atas dan di bawah dalam hidup Anda. Penting untuk mengenali dan memperjelasnya sehingga kepemimpinn Anda tidak terhalang atau dibajak dengan tidak sengaja.

DIRI INTERNAL ANDA

Ketika Kehidupan Pribadi Anda berhubungan dengan Kehidupan Rohani Anda, mereka akan menciptakan Diri Internal Anda. Diri Internal Anda adalah tempat munculnya pikiran, emosi, dan perilaku Anda. Ini juga dikenal sebagai karakter atau identitas. Salah satu definisi favorit saya dari karakter adalah "siapa Anda ketika tidak ada orang di sekitar Anda". Identitas pribadi Anda dibentuk oleh keyakinan dan nilai inti Anda adalah Diri Internal Anda.

Setiap tindakan dimulai dari pikiran. Jika Anda tidak dapat mengontrol pikiran Anda, Anda tidak dapat mengontrol tindakan Anda.

Seorang pemimpin yang ingin memberi dampak pada orang lain perlu menguasai Diri Internal mereka. Di buku James Allen *Berawal dari Pola Berpikir*,[17] ia masuk lebih dalam ke gagasan bahwa pikiran akhirnya menghasilkan keadaan.

> Sebuah alur pemikiran yang bertahan, baik atau buruk, tidak dapat gagal untuk memberikan hasil pada karakter atau keadaan. Seseorang tidak dapat secara langsung memilih keadaannya, tetapi ia dapat memilih pikirannya, sehingga secara tidak langsung, tetapi pasti, membentuk keadaannya.

Pertarungan utama untuk menjadi pemimpin yang memberi dampak ada di pikiran Anda. Akan selalu ada ketegangan antara melakukan apa yang Anda inginkan versus berkorban untuk melakukan apa yang benar. Ini adalah pola pikir Anda yang akan menentukan tindakan Anda, yang pada akhirnya akan membentuk keadaan Anda.

Misalnya, jika Anda ingin memberi dampak pada seorang karyawan tetapi Anda selalu berpikir tentang betapa tidak dewasa atau naifnya mereka, Anda tidak akan dapat berperilaku sedemikian rupa dan mempengaruhi mereka secara positif. Ini tidak akan berhasil. Tidak ada saklar yang ajaib. Atau jika Anda mencoba untuk menguasai suatu kemampuan baru terus berkata pada diri Anda sendiri bahwa Anda tidak mampu atau Anda tidak cukup baik saat berlatih, Anda tidak akan pernah bisa menguasainya. Anda harus memulainya dari pikiran Anda.

Saya menghadiri Kemah Kepemimpinan Hugh O'Brien untuk para siswa kelas sepuluh. Salah satu pembicara membagikan kartu nama berwarna kuning dengan huruf hitam berukuran besar bertuliskan "CYT" di atasnya. Huruf-huruf tersebut adalah singkatan dari "Check Your Thoughts" atau "Periksa Pikiran Anda". Ia mendorong kami untuk terus memeriksa pikiran kami untuk memastikan pikiran kami positif, murni, dan memberikan momentum.

Berhenti berpikiran yang negatif dan tidak murni sejak dini. Anda memiliki kemampuan untuk mengontrol kehidupan pikiran Anda. Setiap tindakan berasal dari sebuah pemikiran, jadi pastikan Anda memikirkan hal-hal yang benar.

Pikiran Anda adalah sebuah kebun.
Pemikiran Anda adalah biji-bijinya.
Anda bisa menumbuhkan bunga.
Atau menumbuhkan rumput liar.

—ANONIM

KEGAGALAN DALAM RUMAH TANGGA

Setelah Anda berpindah dari pikiran batin Anda, kehidupan rumah tangga adalah area selanjutnya yang benar-benar mencerminkan kekuatan Diri Internal seorang pemimpin. Saya melayani di dewan untuk amal milik teman saya Stu McLaren, Village Impact. (Ya, saya menyadari bahwa saya menjadi pria berdampak di banyak hal yang melibatkan saya.) Salah satu anggota dewan, David Frey, memiliki sebuah poster besar di ruang kerjanya di rumah yang bertuliskan, "Tidak ada jumlah kesuksesan yang dapat menggantikan kegagalan dalam rumah tangga." Setiap kali kami melakukan konferensi video, saya melihat poster tersebut di belakangnya, dan itu adalah sebuah pengingat yang baik. Dalam survei global LeaderImpact, 80 persen responden yang telah menikah atau memiliki hubungan yang berkomitmen menunjukkan bahwa mereka memberikan tingkat perhatian dan kepentingan yang tinggi pada pasangan mereka. Ini merupakan hal yang baik, karena hubungan ini adalah salah satu hubungan terpenting yang Anda miliki.

Tidak ada yang lebih merusak hubungan atau reputasi dari kegagalan moral. Saya mendapatkan kesempatan untuk melihatnya secara langsung dari seorang teman saya, dan itu adalah hal buruk.

Saya adalah salah satu dari empat mitra di sebuah perusahaan makanan ringan yang sukses. Dalam tujuh tahun kami memiliki perusahaan ini, pendapatan telah tumbuh lebih dari 900 persen, dan kami menjual makanan ringan di seluruh Amerika Utara, dan baru-baru ini, ke Asia. Salah satu dari empat mitra ini adalah teman saya, dan ialah yang memperkenalkan peluang ini pada saya. Teman saya adalah seorang pengusaha prototipe. Ia memiliki kepribadian yang menawan, memiliki banyak energi, suka memecahkan masalah, melihat peluang, dan bekerja keras untuk menemukan solusi. Ia memiliki beberapa bisnis. Ia telah menikah selama lebih dari dua puluh tahun, memiliki empat anak, dan selalu tampak memiliki

Kehidupan Rohani yang kuat. Ia murah hati dengan uang, sering membimbing para pemimpin muda, dan memiliki belas kasihan terhadap orang lain yang membutuhkan. Ia telah menguasai dan dapat mengatur Kehidupan Eksternalnya. Bagi orang-orang di luar, termasuk saya, ia adalah seorang pemimpin yang baik.

Namun ia melakukan kesalahan besar. Ia berselingkuh—bukan hanya sekali tetapi merupakan kebohongan yang telah berlangsung selama bertahun-tahun. Ia tahu tindakannya salah, tetapi ia tidak menghentikannya.

Kegagalan moral ini menuai kehancuran dalam hidupnya. Pernikahannya selama lebih dari dua puluh tahun berubah selamanya dan, tanpa bantuan Tuhan, mungkin tidak akan berhasil. Hubungannya dengan anak-anaknya menjadi sangat berbeda. Ia merusak bisnis yang ia geluti, mematahkan semangat banyak orang, hubungan-hubungan yang rusak, dan kini perlu memperbaiki reputasinya, yang akan memakan waktu.

Kemampuannya untuk mempengaruhi dan memberi dampak juga mengalami kemunduran besar. Yang sebenarnya hal ini tidak perlu terjadi. Bagaimana hal ini dapat terjadi pada seorang pemimpin yang baik yang seharusnya tahu lebih baik?

Saya berada di sebuah konferensi kepemimpinan bersama penulis John Maxwell. Salah satu nasihat mengejutkan yang ia berikan adalah tentang kesetiaan dalam pernikahan dan karakter moral. Ia berkata, "Jangan pernah berpikir [perselingkuhan] tidak mungkin terjadi pada Anda." Tidak ada seorang pun yang luput dari melakukan kesalahan. Hal ini dimulai dipikiran Anda dengan sebuah pemikiran. Lalu sebuah tindakan kecil. Lalu sebuah pemikiran yang lain dan sebuah tindakan kecil lainnya. Jika pikiran Anda tidak terkendali dan tindakan Anda tidak bertanggung jawab, ini akan mengarah pada akhir yang jauh lebih besar dan lebih buruk.

Terlepas dari kekacauan ini, masih ada harapan. Teman saya mengakui tindakannya, dan ia bertanggung jawab. Yang bisa ia lakukan hanyalah menerima konsekuensinya, memulai kembali dari awal, dan kembali ke jalan yang benar. Ini adalah bagian yang baik dari pengampunan. Kita selalu dapat kembali ke dalam permainan, terlepas dari seberapa parahnya kesalahan kita. Jika Anda mengetahui seseorang yang pernah mengalami situasi ini, saya menyarankan Anda untuk menghubunginya dan menawarkan maaf.

Pada saat-saat inilah orang-orang membutuhkan orang lain yang akan berjalan bersama mereka dan membantu mereka kembali ke jalan yang benar. Saya tahu teman saya akan menggunakan pengalaman ini untuk membantu para pemimpin lainnya menjadi lebih baik dan menghindari kesalahan yang ia lakukan.

BERHATI-HATILAH TERHADAP EMOSI LAST ANDA

Diri Internal Anda adalah pertarungan pikiran dan keinginan sebagai seorang pemimpin yang ingin memberi dampak, penting untuk mengatakan hal yang benar, melakukan hal yang benar, dan menjadi pemimpin yang layak untuk diikuti.

Pernahkah Anda membentak pasangan Anda ketika Anda tahu Anda seharusnya tidak melakukannya? Pernahkah Anda kehilangan kesabaran dengan anak-anak Anda atau seorang pemasok? Pernahkah Anda melakukan sesuatu yang Anda sesali? Ya. Kita semua pernah melakukannya.

Dalam banyak kasus, Anda mungkin kehilangan kemampuan Anda untuk menguasai emosi untuk sesaat dan bereaksi langsung pada saat itu. Ada empat keadaan emosional yang mempengaruhi Diri Internal Anda. Jika Anda mengetahuinya, Anda dapat mengurangi masalah ini.

Saya menyebutnya "LAST emotions" ("emosi LAST"). Emosi ini biasanya merupakan emosi-emosi terakhir yang Anda rasakan sebelum Anda melakukan sesuatu yang akan Anda sesali. LAST adalah singkatan dari:

- Loneliness (Kesepian)
- Anger (Kemarahan)
- Stress (Stres)
- Tiredness (Kelelahan)

Pikirkan waktu di mana Anda melakukan sesuatu yang tidak sesuai dengan siapa Anda dan ingin menjadi siapa. Dalam banyak kasus, satu atau lebih dari emosi ini biasanya ada.

KESEPIAN

Isolasi itu berbahaya, dan sayangnya, hal ini sering dialami para pemimpin dan eksekutif yang sibuk. Jadwal perjalanan yang padat menjauhkan Anda dari kontak dan hubungan konsisten yang membuat Anda tetap membumi dan bertanggung jawab. Banyak pemimpin yang merasa sulit memiliki teman dekat karena posisi berpengaruh mereka. Sepertinya selalu ada seseorang yang menginginkan sesuatu dari Anda. Dalam survei kami, lebih dari 16 persen responden mengatakan mereka tidak memiliki sahabat dekat, dan 47 persen menyebutkan mereka hanya memiliki satu atau dua sahabat dekat.

Hubungan memerlukan komunikasi, tindakan timbal balik, dan pengalaman bersama untuk membuatnya semakin kuat—semuanya membutuhkan investasi waktu yang tidak banyak dimiliki oleh para pemimpin. Atau setidaknya mereka memilih untuk tidak memiliki banyak waktu. Hal ini mempengaruhi persahabatan, begitu juga dengan hubungan Anda dengan pasangan Anda.

Perasaan kesepian ini bisa terjadi dalam hubungan pernikahan. Anda sibuk, Anda bertemu dan berkomunikasi satu sama lain dengan lebih jarang, dan Anda tidak melakukan hubungan seks secara teratur. Hasil yang Anda dapatkan adalah kesepian, yang dapat membawa Anda ke perilaku yang bersifat seksual seperti pemikiran seksual terhadap orang lain, pornografi, klub tari telanjang, atau kontak seksual yang tidak pantas atau menggoda orang lain. Jika tidak dikendalikan atau ditangani, hal ini dapat mengarah ke perselingkuhan, panti pijat "akhir yang bahagia" (seperti pemilik New England Patriots, Robert Kraft), atau lebih buruk lagi, prostitusi.

KEMARAHAN

Kemarahan biasanya dialami karena ketakutan atau kesedihan. Ketakutan adalah tentang kecemasan atau kekhawatiran. Kesedihan adalah tentang kehilangan, kekecewaan, atau keputusasaan. Sebagai seorang pemimpin, Anda dibayar untuk mendapatkan hasil, dan hal-hal buruk terjadi ketika Anda tidak mencapainya. Jika Anda terus meleset dari target dan keuntungan, perusahaan harus memberhentikan karyawan, yang tidak hanya berefek ke karyawan tetapi juga keluarga mereka dan komunitas. Anda dapat kehilangan investor dan membuat perusahaan bangkrut. Apa yang terjadi jika Anda kehilangan keunggulan Anda, dan kompetitor mencuri pangsa pasar? Bagaimana jika Anda kehilangan pelangggan-pelanggan terbesar Anda atau jika masalah besar terjadi dalam rantai pasokan Anda?

Besarnya tekanan yang bercampur dengan rasa takut menciptakan kemarahan. Inilah sebabnya mengapa kedamaian dan kesabaran adalah ciri utama dari Kehidupan Rohani Anda. Jika kemarahan dibiarkan mengambil alih, Anda dipastikan akan mengatakan atau melakukan sesuatu yang dapat merusak. Butuh waktu lama untuk membangun kepercayaan dan hanya beberapa detik untuk kehilangan kepercayaan tersebut.

STRES

Stress dapat dialami karena ketegangan emosional yang tinggi atau ketegangan mental. Selamat datang di kepemimpinan. Suka atau tidak, kepemimpinan membawa ketegangan mental karena selalu ada ketegangan dalam memecahkan masalah, mengambil keputusan, dan bertanggung jawab atas konsekuensi dari keputusan yang diambil dan hasilnya. Kuncinya adalah bagaimana stres mempengaruhi Anda secara pribadi.

Tiga puluh delapan persen dari pemimpin yang disurvei membiarkan stres mempengaruhi kesejahteraan mereka atau terganggu oleh stres dalam hidup mereka. Stres juga melemahkan fungsi kekebalan tubuh dan meningkatkan kemungkinan penyakit jantung.

Stres adalah bagian dari kehidupan seorang pemimpin, namun stres yang intens dalam jangka waktu yang lama adalah pembunuh. Pahami akar penyebab stres dan cari cara untuk menguranginya dengan segera. Jika ini adalah tekanan waktu, Anda dapat memindahkan jadwal, menjadwalkan ulang pertemuan, atau tetapkan ekspektasi baru dengan para pemangku kepentingan. Olahraga. Jika ini adalah tekanan uang, temukan sumber investasi baru, eliminasi biaya tambahan dari awal, atau buat perencanaan untuk menghasilkan aliran pendapatan baru. Jika ini adalah stres yang berhubungan dengan orang lain, bicaralah dengan seorang konselor, undang seorang konsultan, berceritalah pada pemimpin lain untuk membantu Anda melihat situasi dari sudut pandang yang berbeda. Andalah yan berhak menentukan solusi yang tepat, tetapi menyadari bahwa Anda membutuhkan perencanaan dan solusi sangatlah penting. Jangan merasa puas karena dapat bertahan dan menghadapi situasi yang sulit. Stres membutuhkan pelepasan, atau akan menyebabkan kerugian, dan Anda tidak bisa menjadi pemimpin yang memberi dampak jika Anda beroperasi dalam mode stres.

KELELAHAN

Karena sifat kehidupan pemimpin, kelelahan mental dan fisik adalah hal yang cukup umum. Menyelesaikan pekerjaan hingga larut malam yang konsisten dilakukan. Kurang tidur saat bepergian dan berpindah zona waktu. Ketegangan mental yang konstan dalam memecahkan masalah, melatih anggota tim, bekerja dengan pelanggan atau pemasok setiap harinya. Pemimpin memiliki energi lebih banyak dibandingkan rata-orang orang, tetapi setiap pemimpin memiliki batasnya. Ketika Anda merasa lelah, Anda tidak memiliki energi untuk pengendalian diri yang terbaik.

Inilah alasan mengapa istirahat (dan tidur) adalah bagian yang penting dalam Kehidupan Pribadi Anda yang telah kita bahas. Anda perlu merencanakan waktu untuk istirahat, liburan, akhir pekan, dan libur pada hari Sabat. Hari Sabat memisahkan satu hari dalam seminggu di mana Anda tidak bekerja—sama sekali. Anda beristirahat, mengisi kembali energi, dan merefleksikan hidup Anda, Tuhan, dan hubungan-hubungan Anda. Menguduskan hari Sabat sangatlah penting sehingga itu adalah salah satu dari sepuluh perintah Allah dalam Alkitab. Perintah ini bergabung dengan jangan membunuh, berzinah, mencuri, dan berbohong. Perintah ini begitu penting, namun masih banyak pemimpin yang tidak mempraktekkannya. Apakah Anda percaya pada Tuhan bahwa jika Anda mengambil satu hari libur, Ia akan membantu Anda menjadi produktif dan sukses dengan enak dihari lainnya?

MENGHADAPI EMOSI "LAST"

Jadi, bagaimana Anda menangani emosi ini? Pikirkan secara Pribadi, Profesional, dan Rohani.

- **Pribadi: Ketahui dan sadari.** Anda perlu menyadari bahwa apa yang Anda rasakan adalah gejala dari salah satu keadaan emosi ini. Ini mempengaruhi Anda dan penilaian Anda, jadi kendalikan diri Anda dan jangan membuat keputusan penting atau mengatakan sesuatu yang akan Anda sesali.
- **Rohani: Luangkan waktu dan berdoa.** Lepaskan diri Anda dari situasi tersebut jika memungkinkan. Tutup mata Anda dan berdoa. Mohonlah pada Tuhan untuk memberi Anda kebijaksanaan untuk mengetahui apa yang harus Anda lakukan, perlindungan dari melakukan sesuatu yang bodoh, dan kekuatan untuk mengikuti sebuah rencana. Saya ingat saya mengemudi pulang dari hari yang berat di kantor. Saya merasa lelah, stres, dan marah. Saya tahu jika saya masuk ke rumah, anak-anak saya akan ingin berteriak-teriak melihat saya, dan Jen akan ingin mengajak saya berbicara. Saya tidak memiliki kekuatan untuk melakukan ini semua, jadi saya menghentikan mobil saya beberapa blok dari rumah. Saya menutup mata saya dan berdoa. Mungkin selama sepuluh menit, lalu saya melanjutkan perjalanan ke rumah dengan fokus yang baru, dan malam itu berjalan dengan baik.
- **Profesional: Buat rencana.** Anda tidak bisa terus-menerus berada dalam kondisi emosional ini. Anda adalah seorang pemimpin, dan Anda membuat rencana dan mengembangkan strategi sepanjang waktu. Buat rencana pengurangan. Jika Anda merasa lelah, jadwalkan waktu di kalender Anda untuk beristirahat. Jika Anda merasa stres, pahami dari mana kemarahan itu berasal dan buatlah rencana untuk meringankan penyebabnya. Jika Anda merasa marah, ketahui dari mana kemarahan itu berasal dan buat rencana untuk mengatasinya. Jika Anda bepergian dan kesepian, atau merasa kesepian pada umumnya, jadwalkan waktu untuk bersosialisasi,

atau hubungi teman atau anggota keluarga. Tidak ada yang beren-cana untuk gagal; yang ada hanyalah gagal untuk merencanakan.

KUNCI YANG PERLU DIINGAT

Diri Internal Anda adalah identitas yang Anda ciptakan dari Kehi-dupan Pribadi dan Rohani Anda. Ini dimulai dari pikiran Anda, yang dibentuk dari nilai-nilai dan mendorong perilaku Anda. Di sinilah di mana menjadi pemimpin yang memberi dampak dimulai. Untuk memperkuat Diri Internal Anda:

- **Pahami luka Anda.** Renungkan hidup Anda dan situasi (baik atau buruk) yang mempengaruhi identitas Anda. Pengalaman-penga-laman ini menentukan bagaimana Anda melihat dunia dan dapat membajak pikiran dan perilaku Anda jika tidak ditangani.
- **Periksa pikiran Anda.** Terus evaluasi pemikiran yang Anda miliki untuk memastikan pemikiran Anda positif, murni, dan memberikan momentum untuk menjadi apa yang Anda inginkan. Hentikan pemikiran yang negatif yang tidak murni sejak dini. Anda memiliki kemampuan untuk mengendalikan kehidupan pemikiran Anda.
- **Fokus pada rumah tangga Anda.** Sebagian besar pemimpin berfokus pada pekerjaan mereka terlebih dahulu dan memasti-kannya beres sebelum mereka memperbaiki kehidupan rumah tangga mereka. Saya ingin menantang Anda untuk melakukan yang sebaliknya. Fokuslah pada hubungan Anda dengan pasangan dan anak-anak Anda terlebih dahulu, jika Anda memilikinya. Rumah tangga yang damai dan lengkap memberikan kebebasan mental dan kepercayaan diri untuk fokus pada pekerjaan Anda.
- **Berhati-hatilah terhadap emosi "LAST" Anda.** Loneliness (Kesepian), Anger (Kemarahan), Stress (Stres), dan Tiredness (Kelelahan) akan menjadi bagian dari hidup Anda sebagai seo-rang pemimpin, hadapi itu. Sungguh. Miliki penguasaan diri yang

cukup untuk mengenali emosi-emosi tersebut, luangkan waktu sejenak untuk mengurangi kecepatan dan berdoa, dan buat rencana untuk mengurangi emosi tersebut.

Baru-baru ini, kartu rookie O-Pee-Chee Wayne Gretzky 1979 terjual di lelang dengan harga rekor US$465.000. Terkadang, pelajar terbaik tidak ternilai harganya. Dalam kasus ini, ada harga yang harus dibayar, dan ya, itu masih terasa perih.

BAB 10

MEMBERI TANPA PAMRIH (KEHIDUPAN PROFESIONAL DAN ROHANI)

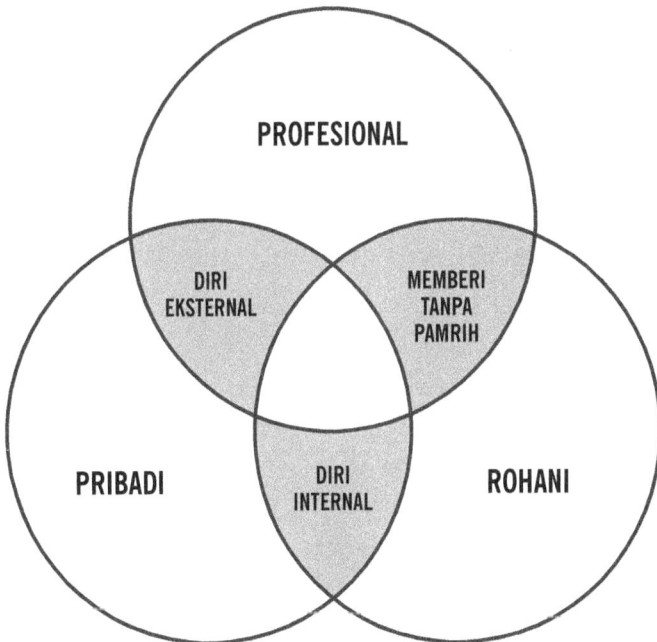

Memberi tanpa pamrih adalah ketika Kehidupan Rohani dan Kehidupan Profesional Anda menyatu. Hal ini terjadi ketika karier dan keyakinan Anda selaras, dan Anda mulai melihat hasil yang positif di kehidupan orang lain. Ini adalah kontribusi Anda untuk memberi dampak pada tingkat yang nyata. Bab 4 sampai 9 akan membantu Anda untuk fokus dengan *siapa* diri Anda sebagai atribut pertama dan terpenting untuk menjadi pemimpin yang memberi dampak, dan kini bab ini beralih ke *apa* yang dapat Anda lakukan sebagai seorang pemimpin.

Anda tidak perlu berhenti dari pekerjaan Anda atau berpindah karier atau bergabung dengan organisasi nirlaba untuk memberi dampak yang efektif. Saya sebenarnya telah mencobanya.

Setelah perubahan hidup saya, yang sempat saya bahas dalam pengantar buku ini, saya tahu saya membutuhkan perubahan dari pemasaran keripik kentang dan menaiki tangga perusahaan di Frito-Lay. Saya menempuh jalan mengembangkan Kehidupan Rohani saya ketika bekerja di Frito-Lay. Pikiran, jiwa, dan hidup saya berubah, tetapi saya terus merasakan keyakinan ini untuk menggunakan kemampuan pemasaran saya untuk membantu orang lain di tingkat yang lebih dalam.

Saat itulah saya bertemu dengan Leonard Buhler.

"Braden, apakah Anda ingin melakukan pekerjaan yang membuat perbedaan? Saya ingin Anda memimpin divisi pemasaran dan komunikasi di Lembaga Pelayanan Mahasiswa," tanyanya.

Saya bahkan belum pernah mendengar Lembaga Pelayanan Mahasiswa sebelum saya bertemu dengannya, namun ia menarik minat saya untuk melakukan pekerjaan yang membawa perubahan. Leonard adalah seorang petani kentang sukses yang meninggalkan bisnis keluarganya untuk menjadi presiden organisasi ini pada tahun 2004. Ia adalah seorang salesman yang hebat. Ia penuh semangat, visi, dan memiliki pendekatan *can-do* yang dimiliki oleh banyak pengusaha, yang membuatnya mudah untuk mengatakan ya padanya.

"Baiklah," kata saya. "Saya akan melakukannya."

Rekan-rekan saya di Frito-Lay tidak memahami keputusan itu dan merasa itu adalah langkah yang akan membatasi karier saya. Orang tua dan keluarga saya mendukung tetapi tidak menyukai gagasan bahwa saya harus pindah ke West Coast. Ketika saya melihat kembali keputusan ini, ini memang sedikit gila, tetapi saya telah bertekad untuk membuat perbedaan.

Namun, setelah beberapa saat bekerja di Pelayanan Mahasiswa, saya menyadari sesuatu yang mendalam. Hampir setiap strategi, proyek, dan inisiatif di organisasi membutuhkan pemimpin bisnis untuk bekerja di belakang, membantu mendanai, atau mendorongnya. Para pemimpin, pengusaha, dan eksekutif ini memiliki aset, pengaruh, dan keterampilan yang kami butuhkan. Dan tanpa mereka, proyek atau staf atau ide ini tidak akan pernah ada. Tidak akan ada dampak tanpa kontribusi mereka.

Saya mengalami secara langsung bagaimana para pemimpin bisa menggunakan bakat dan sumber daya mereka untuk memberi dampak.

Ini adalah saat saya memutuskan untuk memulai sebuah agensi untuk membantu bisnis dan pemimpin mendapat keuntungan dan memungkinkan mereka untuk menggunakan keuntungan tersebut untuk kebaikan. Bekerja di organisasi nirlaba bukan merupakan pilihan yang salah bagi saya. Itu adalah langkah yang baik untuk membantu saya menjadi lebih dewasa dan mencapai posisi saya saat ini, namun organisasi nirlaba bukanlah satu-satunya tempat untuk membuat perbedaan. Siapa pun, di mana pun, dalam pekerjaan apa pun, Anda bisa menjadi pemimpin yang memberi dampak.

Sama sekali tidak ada keraguan dalam pikiran saya bahwa jika pemimpin memberi tanpa pamrih lebih banyak, mereka dapat memberi dampak pada orang lain dan dunia dengan cara-cara yang tidak pernah mereka bayangkan. Anda memiliki lebih banyak potensi dari pada yang Anda sadari.

Saat Kehidupan Rohani Anda menyatu dengan Kehidupan Profesional Anda, Anda akan mulai melihat dengan jelas bagaimana keterampilan Anda memungkinkan Anda untuk menjalani kehidupan yang memberi dampak. Memasarkan keripik kentang bukanlah hal yang buruk. Menjadi bankir investasi yang hebat bukanlah hal yang buruk. Memiliki perusahaan kertas tidak kalah berartinya dengan menjadi seorang pendeta di gereja atau menyelamatkan ikan paus bersama Greenpeace. Yang penting adalah siapa Anda dan apa yang Anda lakukan dengan apa yang telah diberikan pada Anda.

Jika Anda memiliki keterampilan dalam penjualan kertas, lakukan itu. Jika Anda merupakan seorang desainer yang luar biasa, jadilah yang terbaik di bidang Anda. Jika Anda memahami analisis keuangan, lakukan itu.

Jadilah seorang pemimpin yang menetapkan standar yang tinggi, yang peduli pada orang lain, lalu menggunakan uang yang Anda hasilkan dan waktu yang Anda miliki untuk membangun hubungan Anda dan mendukung hal yang Anda rasa Anda memiliki passion di sana. Jadikan memberi sebagai bagian dari bisnis Anda dan bagian dari hidup Anda. Jangan menahan diri. Jangan hanya menyimpan uang untuk masa pensiun nanti atau terus mencari gaya hidup lainnya. Berilah tanpa mengharap imbalan.

Anda dapat menginspirasi orang lain untuk melakukan hal yang sama. Dan ini adalah cara untuk mengubah dunia.

ORANG-ORANG INGIN PERUSAHAAN DAN PEMIMPIN UNTUK MEMBERI DAMPAK

Ketika Anda mulai memberi tanpa pamrih, bukan hanya orang-orang yang mengalami perubahan positif yang menyadarinya. Orang lain juga menyadarinya, dan mereka mulai ingin melihat dan mengharapkannya. Mereka berharap untuk melihat dampak dari perusahaan tempat mereka bekerja dan ingin mengetahui apakah mereka membuat perubahan, terlepas dari industri tempat mereka bekerja.

Menurut Studi Komunikasi Cone 2016, tiga perempat dari kaum milenial akan mengambil sebagian dari gaji mereka untuk perusahaan yang bertanggung jawab secara sosial. Delapan puluh delapan persen karyawan milenial mengatakan bahwa pekerjaan mereka lebih memuaskan ketika atasan mereka memberikan kesempatan untuk memberi dampak yang positif.[18]

Pada 2015 Harvard Business Review menerbitkan sebuah artikel berjudul "Kebenaran Tentang CSR".[19] Para penulis mengkonfirmasi dalam penelitian mereka bahwa dengan berpartisipasi dalam program CSR (Tanggung Jawab Sosial Perusahaan), organisasi melihat peningkatan kinerja bisnis, pengurangan risiko, dan peningkatan reputasi. Manfaat ini berada di atas manfaat utama yaitu mampu memberikan kontribusi pada kesejahteraan komunitas dan masyarakat yang tempat mereka berada.

Gagasan menciptakan dunia yang lebih baik melalui pekerjaan tidak hanya dimiliki oleh para pemimpin dan karyawan. Konsumen menginginkan dan menuntut ini dari produk dan layanan yang mereka beli. Nielsen melaporkan bahwa 66 persen konsumen (dan 70 persen milenial) bersedia membayar ekstra untuk produk dan jasa yang berasal dari perusahaan yang berkomitmen untuk memberikan dampak positif pada sosial dan lingkungan.[20] Dan menurut studi Cone Communications lainnya, 94 konsumen cenderung beralih merek (dengan harga dan kualitas yang serupa) ke merek yang mendukung masalah sosial.[21]

Selama pandemi COVID-19, sungguh menakjubkan melihat berapa banyak bisnis dan merek yang memberi dan mencoba membuat dampak.

- Airbnb menurunkan tarif dan bekerja sama dengan pemilik rumah dalam menyediakan 1000.000 tempat tinggal untuk penyedia layanan kesehatan di dekat rumah sakit tempat mereka bekerja.
- TULA Skincare memiliki penawaran di mana jika Anda membeli satu masker perawatan kulit mereka, semua keuntungan akan digunakan untuk membeli masker wajah untuk penyedia layanan kesehatan kota New York.
- Danone menyumbangkan $200.000 pada organisasi Breakfast Club of Canada untuk membantu memberi makan anak-anak yang dulunya bergantung pada sekolah untuk mendapatkan makanan; belairdirect juga menyumbangkan $500.000 untuk program yang sama.
- Bauer, yang membuat peralatan hoki, mengganti peralatan manufakturnya untuk membuat pelindung wajah untuk memasok sistem perawatan kesehatan.
- Zoom, layanan konferensi video online, menawarkan layanan mereka secara gratis ke sekolah-sekolah dan juga menghapus batas pertemuan empat puluh menit.
- Audible meluncurkan ratusan judul gratis untuk anak-anak dan siswa.
- Crocs menyumbangkan 10,000 pasang sepatu setiap harinya

untuk penyedia layanan kesehatan. Pada satu titik, 400.000 orang menunggu untuk menerima bantuan ini.

- Serta Simmons Bedding menyumbangkan lebih dari 10.000 matras pada rumah sakit di kota New York, dan mereka meminta dan menginspirasi mitra lainnya untuk melakukan hal yang sama.
- Verizon menyumbangkan $2,5 juta untuk membantu inisiatif lembaga nirlaba lokal selama COVID.
- Bahkan bisnis-bisnis lokal kecil seperti Carvery Sandwich Shop di White Rock, British Columbia, mengirimkan makanan gratis untuk penyedia layanan kesehatan dan rumah sakit setiap harinya, dan mereka merupakan pemimpin yang menantang restoran lain untuk melakukan hal yang sama.

Dan ini hanyalah daftar singkat. Ada ratusan bahkan ribuan perusahaan yang ikut serta dan menyumbangkan jutaan dolar. Jiwa penasar sinis dalam diri saya tahu bahwa beberapa dari bisnis ini mencoba untuk mengintegrasikan pemasaran perkara untuk mendorong pendapatan dan PR yang positif. Namun banyak dari mereka yang berkorban dan memberi tanpa mengharapkan imbalan.

Ketika Anda melakukan hal yang benar tanpa mengharapkan imbalan apa pun, ini berarti memberi tanpa pamrih. Inilah yang dilakukan oleh pemimpin yang memberi dampak.

Jika Anda terinspirasi untuk menjadikan memberi sebagai bagian penting dari hidup dan/atau bisnis Anda, ada empat hal yang saya sarankan untuk Anda ingat:

- **Tetap berada di jalur Anda.** Tetap setia pada tujuan Anda. Ketika Anda bertanya pada diri sendiri atau tim Anda apa yang harus Anda lakukan, dan bagaimana, tetap berada di jalur Anda adalah kuncinya. Misalnya, Zoom tidak keluar dari jalur dan mencoba untuk melakukan sesuatu yang tidak mereka kuasai. Mereka memberikan atau menyediakan layanan untuk mereka yang membutuhkannya. Jangan mencoba untuk menciptakan divisi atau elemen yang benar-benar baru untuk bisnis Anda. Lebih penting untuk melihat kompetensi inti dan tujuan Anda serta menemukan cara untuk memanfaatkan dan menyalurkannya.

- **Pahami kebutuhan.** Sejauh ini, Anda tahu bahwa saya menaruh banyak fokus pada orang lain, dan memahami apa yang orang-orang butuhkan adalah langkah penting dalam menentukan tindakan Anda. Alih-alih meniru apa yang orang lain lakukan dan berikan, bertanyalah terlebih dahulu pada lembaga nirlaba, pejabat pemerintah, pelanggan, organisasi di area Anda, atau karyawan Anda, "Apa yang Anda butuhkan, dan bagaimana kami dapat membantu?" Jangkau pelanggan Anda dan tanya pada mereka masalah-masalah apa yang mereka hadapi dan apa yang dapat Anda lakukan untuk membantu. Benar-benar pahami kebutuhan sebelum Anda terjun dan mulai melakukan sesuatu.

- **Mulailah dari hal kecil.** Saya sangat menekankan hal ini. Ketika kita mendengar contoh dari COVID, rasanya begitu besar. Anda mungkin merasa tidak mampu karena perusahaan besar lainnya memiliki sarana dan sumber daya yang tidak Anda miliki. Kuncinya adalah memulai dari hal kecil. Gunakan apa yang Anda miliki, di mana Anda memilikinya, dan ambil langkah berikutnya. Jangan berdiam diri. Beberapa pemimpin rentan terhadap hal ini karena mereka cenderung berpikir mereka perlu melakukan sesuatu yang besar atau yang hebat. Menurut saya itu tidak benar. Jika Anda memiliki tujuan yang Anda rasa Anda memiliki passion yang sejalan dengan manfaat produk dan layanan Anda, Anda bisa mengambil langkah kecil di sana.

- **Tetap konsisten.** Anda perlu memadamkan harapan Anda bahwa hal ini akan menghasilkan pengembalian yang besar atau PR yang baik atau ini adalah hal yang mudah. Akan ada lebih banyak pekerjaan dan ini akan menghabiskan biaya sedikit lebih banyak dari yang Anda kira. Bersiaplah untuk hal ini dan konsisten dalam tindakan Anda. Setiap kali Anda melakukan sesuatu untuk pertama kalinya, itu akan menakutkan. Itu tidak akan terasa baik-baik saja. Anda mungkin bertanya pada diri Anda sendiri, "Apakah saya melakukan ini dengan benar? Apakah ini bahkan membantu? Haruskah kami melakukannya?" Anda akan banyak mempertanyakannya. Saran saya adalah tetap konsisten, mulai dengan hal kecil, dan seiring dengan berjalannya waktu, Anda akan melihat dampaknya.

MULAI DENGAN MISI PRIBADI ANDA

Lebih mudah untuk memberi, dan Anda lebih fokus ketika Anda memiliki misi pribadi yang membantu untuk membimbing Anda. Banyak organisasi memiliki pernyataan misi.

Jim Collins dan Jerry Porras membantu membuat misi, visi, dan nilai-nilai populer dalam buku mereka Dibangun untuk Bertahan: Kebiasaan Sukses Perusahaan Visioner. Misi atau tujuan dari sebuah organisasi adalah alasan mengapa organisasi itu ada. Misi atau tujuan berfungsi sebagai panduan atas semua tindakan dan keputusan untuk memastikan keselarasan dengan perilaku, nilai, dan identitas inti mereka di pasar.

Starbucks telah menjadi pemimpin dalam kopi namun juga dalam program perintis, seperti menawarkan tunjangan karyawan dan pilihan saham pada staf dengan upah minimum, yang merupakan hal yang revolusioner pada tahun 1980-an dan 90-an. Mereka baru-baru ini mengubah pernyataan misi mereka: "Untuk menginspirasi dan memelihara semangat manusia—satu orang, satu cangkir dan satu lingkungan satu demi satu."

Mengapa mereka melakukan ini? Saya percaya kepemimpinan di Starbucks tahu bahwa penting untuk memberi dampak tidak hanya pada konsumen dan karyawan, tetapi juga pada investor dan komunitas tempat mereka bergabung. Menginspirasi dan memelihara semangat manusia jauh lebih menyegarkan dari strategi, inovasi, dan kinerja dibandingkan misi yang katakanlah, "Kami akan membuat kopi terbaik di tempat yang keren."

Misi yang baik menangkap emosi. Hal yang sama diperlukan untuk Anda secara pribadi.

Empat puluh empat persen pemimpin yang disurvei dalam Asesmen LeaderImpact kami memiliki tujuan yang mendalam dalam semua aspek kehidupan mereka. 43 persen lainnya merasakan tujuan di bidang tertentu, tetapi yang mengejutkan, hanya 21 persen merasa hanya sesekali atau tidak ada tujuan dalam hidup mereka.

Misi pribadi Anda akan membantu Anda tetap fokus pada dampak. Apa misi atau tujuan pribadi Anda?

Banyak pemimpin merasa lebih mudah untuk membuat pernyataan misi atau tujuan untuk perusahaan mereka daripada untuk diri mereka sendiri. Ada banyak tekanan untuk membuat yang "benar". Kami melakukan latihan untuk membuatnya di LeaderImpact selama Foundations. Ini merupakan pekerjaan yang berat dan membutuhkan waktu. Namun, sungguh menakjubkan melihat inspirasi dan kejelasan pada hidup seseorang ketika mereka berhasil melakukannya.

Saya membutuhkan beberapa waktu untuk menyempurnakan misi saya, namun saya akhirnya menemukan satu misi yang melekat pada saya, dan saya telah menyebutkannya di buku ini, jika Anda menangkapnya.

Misi saya adalah membantu para pemimpin menemukan kesuksesan sejati. Orang-orang yang membuat saya merasa tertarik untuk membantu adalah pemimpin.

Kesuksesan sejati dapat berada pada tingkat praktis di mana saya benar-benar membantu para pemimpin mencapai keuntungan atau pertumbuhan finansial untuk bisnis mereka. Kesuksesan sejati juga berarti membantu mereka dalam Kehidupan Pribadi dan Rohani mereka dengan percakapan yang kami lakukan dan niat yang saya miliki terhadap mereka sebagai manusia. Saya juga menganggap istri dan anak-anak saya sebagai pemimpin, dan saya berinvestasi dalam mereka dengan cara tersebut. Saya memiliki papan tulis besar di ruang kerja saya di rumah saya, dan misi ini tertulis di bagian atas dengan huruf kapital berukuran besar. Ini membuat saya tetap fokus dan mengingatkan saya mengapa saya hidup dan apa yang penting bagi saya.

Berikut adalah beberapa saran saat Anda mengembangkan pernyataan misi Anda.

1. Jangan mencoba untuk mencari solusi instan atau terpaku pada satu hal. Ini bisa berubah seiring dengan waktu.
2. Pastikan ini mencerminkan diri Anda dan hati Anda. Ini bukan tentang membantu orang lain dan memiliki misi yang akan dikagumi orang lain. Misi Anda perlu membimbing dan menginspirasi Anda untuk menjadi pemimpin yang memberi dampak.
3. Miliki itu. Jika Anda meminta umpan balik dari orang-orang, dengarkan mereka untuk perbaikan yang masuk akal, namun jangan khawatir jika sejalan dengan mereka. Misi Anda bukanlah untuk mereka. Misi Anda adalah untuk Anda. Mereka dapat memiliki misi mereka sendiri, tetapi Anda perlu memiliki misi Anda.

Setelah Anda menemukan suatu tujuan, integrasikan elemen-elemen dari diri Anda untuk memberi menjadi kesempatan berikutnya untuk memastikan kontribusi. Kontribusi ini dapat berupa organisasi pendukung atau perkara dengan waktu dan dana Anda. Ini dapat memanfaatkan strategi pemasaran seperti "beli satu, dapat dua". Memperbolehkan karyawan untuk terlibat dalam tujuan bersama Anda juga merupakan ide yang bagus. Misalnya, organisasi Food for the Hungry memiliki program bisnis dampak yang membantu perusahaan membawa karyawan ke negara berkembang, bekerja sama dengan desa-desa, lalu melibatkan jaringan dan pelanggan mereka di rumah untuk mendukung perubahan.

PLUNGER EMAS

Mengintegrasikan tujuan Anda juga dapat berarti melembagakan nilai-nilai inti ke dalam perusahaan Anda yang memperkuat tujuan tersebut dengan para karyawan. Ini adalah sesuatu yang telah saya coba lakukan di perusahaan saya sendiri.

Seperti yang Anda ketahui, bisnis saya adalah pemasaran, yang tergolong sebagai layanan profesional. Seperti bisnis jasa lainnya, kami melayani klien kami untuk membantu mereka mencapai target yang diinginkan. Jika Anda pernah bekerja di bisnis jasa, Anda akan tahu bahwa ini bukanlah hal yang mudah. Anda terus-menerus menyeimbangkan permintaan klien Anda dengan kebutuhan organisasi. Dalam kebanyakan kasus. Anda juga tidak dapat memilih klien Anda. Beberapa bisa menjadi klien impian, dan yang lainnya sulit untuk bekerja sama, namun saya ingin memberi dampak pada mereka semua melalui cara kami melayani mereka.

Mengetahui ini adalah keinginan saya. Saya ingin mengangkat orang-orang yang benar-benar memiliki hati yang ingin melayani. Tentu saja mereka harus cerdas dan memenuhi persyaratan untuk jabatan mereka, namun lebih dalam dari itu, saya ingin orang-orang yang rendah hati, tidak sombong, dan bersedia untuk melampaui deskripsi pekerjaan mereka jika dibutuhkan. Ini adalah karakter dan nilai inti pertama di perusahaan kami dan merupakan salah satu sifat inti yang dimiliki oleh pemimpin yang memberi dampak.

Gagasan ini menjadi sangat jelas bagi saya ketika kami memiliki masalah dengan salah satu toilet kami di kantor dan rapat penting dengan klien besar.

"Braden, toilet wanita tersumbat dan meluap," kata resepsionis kami.

Saat itu pukul 9.30. Klien terbesar kami akan datang ke kantor kami yang kecil dan funky untuk presentasi merek dalam tiga puluh menit. Mereka memiliki beberapa anggota tim wanita, dan saya tahu mereka akan perlu menggunakan toilet. Kantor kami memiliki dua kamar kecil untuk toilet pria dan wanita. Saya sangat percaya bahwa toilet adalah cerminan dari tingkat pelayanan dan kepedulian terhadap orang-orang yang dimiliki organisasi. Jika toilet bersih dan terawat, maka organisasi tersebut memikirkan karyawan dan detail.

Saya berjalan ke kamar kecil tersebut. Benar saja, toiletnya tersumbat dan hampir meluap. Saya pergi ke lemari sapu dan mengambil plunger. Saya berjingkat mendekati toilet, tidak ingin air menciprati sepatu atau jas saya. Dengan hati-hati saya mencelupkan plunger ke dalam toilet dan mulai menggerakkan tangannya. Tidak terjadi apa-apa.

Tidak lama kemudian, Hakon Fauske, direktur operasional saya, datang menghampiri saya. Ia adalah seorang Norwegia setinggi 193 cm dengan sedikit akses dan kepribadian yang positif.

"Braden, apa yang sedang Anda lakukan?" tanyanya.

"Toiletnya tersumbat, dan kita memiliki presentasi hari ini dua puluh menit lagi," jawab saya.

"Anda tidak melakukannya dengan benar. Berikan ke saya. Anda perlu bersiap-siap untuk presentasinya," katanya sambil mengambil plunger dari tangan saya. Ia mulai menggunakan plunger itu dengan kuat, dan air terciprat di mana-mana. Itu menjijikkan. Saya segera keluar dari kamar kecil tersebut dan melanjutkan persiapan saya untuk rapat.

Hanya dengan waktu lima menit, Hakon mampu memperbaiki toilet, membersihkan lantai dan kamar kecil, dan membuatnya tampak seperti baru pada saat klien datang. Saya terkesan. Satu hal, ia adalah plunger yang sangat baik. Lebih penting lagi, ia tidak harus melakukannya. Tetapi ia memilih untuk melakukannya. Ia adalah direktur perusahaan, tetapi ia menjadi pembersih toilet demi melayani. Ini ada tipe karakter yang persis saya inginkan untuk semua orang di CREW.

Malam itu, saya membeli plunger, dan kami mengecatnya dengan emas. Pada rapat berikutnya dengan semua tim, saya memberi Hakon Penghargaan Plunger Emas Hakon pertama karena telah melampaui deskripsi pekerjaannya untuk melayani.

Ia menulis namanya dengan spidol Sharpie, dan pada rapat berikutnya dengan semua tim, ia memberikannya pada satu orang lainnya yang telah menunjukkan sifat pelayanan yang sama. Plunger Emas ini kini menjadi highlight dari pertemuan tim bulanan kami. Selama bertahun-tahun, penghargaan ini telah diterima dan diberikan pada lusinan karyawan, dan setiap kantor CREW memiliki penghargaan ini sendiri-sendiri. Kami bahkan membuat Penghargaan Sikat Perak, yang adalah penggosok piring dengan peta perak di sekelilingnya untuk diberikan pada juara dua pada bulan tersebut.

Bahasa seputar konsep ini bahkan telah melewati rapat tim hingga praktik perekrutan kami. Satu pertanyaan yang kami ajukan satu sama lain setelah wawancara dengan para calon karyawan adalah: "Apakah orang ini akan menjadi seorang plunger?" Jika kami tidak berpikir demikian, kami tidak mempekerjakan mereka. Titik. Kita tidak bisa melatih karakter. Ini harus menjadi diri mereka yang sebenarnya.

Kehidupan rohani yang kuat memberi Anda alat dan keyakinan untuk karakter yang kuat, yang jika digabungkan dengan pekerjaan profesional Anda akan memberi jalan bagi diri Anda sendiri. Ini adalah cara para pemimpin mulai menang dan melakukan pekerjaan yang penting.

KEMENANGAN DAN METRIK DALAM DAMPAK

Pemimpin yang memberi dampak mengubah cara mereka mendefinisikan kesuksesan dan kemenangan.

Saya berasal dari keluarga yang kompetitif. Ini berarti kami sangat menyukai permainan, dan kami semua sangat ingin menang. Setiap tiga tahun, ada reuni keluarga besar selama satu minggu dengan lebih dari delapan puluh orang yang hadir (ibu saya berasal dari keluarga dengan sepuluh anak). Ini adalah hal yang mengejutkan bagi siapa pun yang menikah dengan keluarga kami. Mereka benar-benar merasa kewalahan, namun menurut saya ini adalah hal yang sangat baik. Sebagian besar perjalanan keluarga kami bertumbuh berkisar pada reuni ini, dan kami dapat mengunjungi sebagian besar Kanada karena mereka. Setiap hari pada reuni ini memiliki tema seperti Olimpiade mini dengan permainan kemah, turnamen golf, hari olahraga, dan turnamen kartu. Tidak ada yang lebih menghibur dari melihat paman Anda yang berusia delapan puluh tahun mengalahkan sepupu Anda yang berusia tujuh tahun dalam perlombaan memindahkan telur dengan sendok.

Ini berarti kecintaan pada kompetisi dan kemenangan telah berakar dalam diri kami. Hampir semua pemimpin dan pengusaha yang saya kenal juga suka untuk menang. Pada dasarnya mereka kompetitif, yang memberi mereka dorongan untuk mengambil risiko, bekerja keras, dan mencapai lebih banyak dari kebanyakan orang.

Tetapi bagaimana Anda mendefinisikan kemenangan dan bagaimana Anda mengukur kesuksesan adalah yang terpenting. Bapak managemen, Peter Drucker, terkenal dengan pepatah "Apa yang bisa diukur, bisa dikerjakan." Ia sepenuhnya benar. Ketika berbicara tentang bisnis dan organisasi, apa yang dipilih sebagai tolak ukur kunci keberhasilan adalah apa yang akan mengarahkan keputusan, tindakan, dan perilaku orang-orang.

Jika Anda mengukur pendapatan dan profitabilitas, tindakan Anda akan melibatkan pendorongan penjualan dan pemotongan biaya. Jika Anda mengukur pangsa pasar, strategi Anda akan berfokus pada mengalahkan persaingan. Jika Anda mengukur kepuasan pelanggan, perilaku Anda akan berfokus pada pemenuhan kebutuhan pelanggan.

Sekarang ambil ide ini dan pindahkan ke dampak. Bagaimana Anda mengukurnya? Saya percaya para pemimpin tidak meluangkan cukup waktu untuk mendefinisikan metrik kesuksesan dalam hidup mereka. Sebaliknya, mereka menggunakan uang atau waktu sebagai metrik awal.

Jika Anda memberi tanpa pamrih, apakah hasil dari pemberian tersebut? Apakah itu sejalan dengan misi atau tujuan Anda?

Sama seperti menemukan dan membentuk misi merupakan suatu hal yang sulit, begitu juga dengan menemukan metrik yang tepat untuk mengukur kesuksesan. Saya memiliki dua metrik berikut:

1. **Jumlah pemimpin yang saya bantu.** Hal ini bisa melalui berbicara, LeaderImpact, langganan blog, pembelian buku, keluarga, dan sebagainya. Angka ini juga termasuk jumlah hubungan yang saya bangun dengan sengaja (ingat bab 6, "Kehidupan Pribadi").
2. **Nominal uang yang saya berikan.** Saya ingin menghasilkan banyak uang dan menginvestasikannya pada badan amal dan organisasi yang bekerja dengan para pemimpin untuk memberi dampak dan membantu mereka yang membutuhkan. Saya dan istri saya memiliki tujuan di awal kehidupan kami untuk hidup dari 10 persen dari penghasilan kami dan memberikan 90 persen sisanya. Kami masih jauh dari target ini, namun ini adalah BHAG (*Big Hairy Audacious Goal*).

Metrik-metrik ini bukanlah ilmu pasti, dan terkadang sulit untuk dilacak, tetapi niat untuk mengejarnya adalah langkah yang penting. Saya sendiri hanya memiliki dua metrik, karena saya tahu saya akan teralihkan jika saya mencoba untuk memiliki lebih banyak lagi. Setelah metrik Anda jelas, penetapan target tahunan dan strategi Anda menjadi lebih mudah untuk dibuat dan dijalankan.

DARI WIRAUSAHA KE VILLAGE IMPACT

Saya senang berada di sekitar pemimpin yang mengetahui metrik yang tepat untuk sukses dan yang memberi tanpa pamrih. Teman dekat saya, Stu McLaren, menjalankan perusahaan sukses bernama Tribe yang membantu pengusaha dan organisasi membangun dan mengelola model bisnis yang bebasis keanggotaan. Ia mungkin merupakan yang terbaik di dunia dalam hal itu dan menghasilkan banyak uang. Ia bisa saja membelanjakan uang yang diperolehnya dengan kerja keras untuk liburan, properti, usaha bisnis lainnya atau menyisihkannya untuk pensiun atau warisan bagi anak-anaknya. Namun ia tidak melakukannya.

Bersama istrinya, Amy, mereka menggunakan keterampilan, waktu dan uang mereka untuk memulai amal yang disebut Village Impact. Saya berbicara tentang amal ini secara singkat di bab 9. Bantuan mereka membangun sekolah di desa-desa di Kenya untuk membantu mendidik dan menginspirasi generasi pemimpin berikutnya. Fokus dan harapannya adalah memutus mata rantai kemiskinan di daerah terpencil. Perusahaannya, Tribe, juga menyumbangkan ratusan ribu dolar per tahunnya untuk membayar administrasi dan amal. Ia dan mitranya perlu membayar harga yang mahal. Namun inilah yang dilakukan seorang pemimpin yang memberi dampak. Mereka berkorban dan memahami harganya. Melalui Village Impact, mereka memberi pengaruh terhadap perilaku positif yang berkelanjutan dalam diri siswa dan guru. Ini adalah rencana ambisius yang berjalan dengan baik.

Namun inilah bagian terbaiknya—mereka tidak melakukannya sendiri.

Stu dan Amy mendorong dan mengajak pengusaha lainnya, teman, keluarga dan klien untuk bergabung dengan mereka dalam hal ini. Mereka mempengaruhi dan memberi dampak pada orang lain untuk melihat visi tentang cara menggunakan bisnis untuk memberi lebih banyak dampak. Mereka telah mengumpulkan jutaan dolar, mendirikan banyak sekolah, dan memberi dampak pada kehidupan dengan sebuah "desa" dengan orang-orang di sekitar mereka.

Setiap kali saya bertemu dan bersantai dengan Stu, saya selalu pergi dengan perasaan bahwa saya tidak memberikan cukup banyak untuk dunia. Itu tidak membuat depresi; itu memotivasi. Ada keinginan dalam diri kita semua untuk menjadi pemimpin yang memberi dampak. Jangan menjadi pemimpin yang punya banyak tetapi hanya memberi sedikit.

KUNCI YANG PERLU DIINGAT

Memberi tanpa pamrih terjadi ketika Kehidupan Rohani dan Kehidupan Profesional sejalan. Untuk membuat Anda fokus pada area ini, ingatlah:

- **Semua pekerjaan penting.** Tidak masalah apa produk atau layanan Anda; semua pekerjaan itu penting. Dampak yang Anda berikan pada orang-orang dan hubunganlah yang membuat perbedaan. Perlakukan semua orang dengan sopan, hormat, dan dengan perhatian yang tulus. Batasi dampak negatif pada orang-orang dan lingkungan, dan teruslah mencari untuk menambah nilai lebih bagi masyarakat.
- **Terinspirasilah oleh misi Anda.** Mendefinisikan dan klarifikasi pernyataan misi pribadi Anda adalah motivator yang hebat. Luangkan waktu untuk memikirkannya dan membuatnya terlihat jelas di kantor dan di rumah Anda. Anda bahkan bisa membuat kaos atau mug bertuliskan misi tersebut. Lakukan apa pun yang membantu membuat misi Anda nyata bagi Anda.
- **Definisikan kemenangan dalam hidup Anda.** Definisikan dengan jelas metrik yang membantu memenuhi misi Anda akan sangat membantu Anda untuk memberi dampak.
- **Berikan LIFE Anda.** Manfaatkan LIFE (Labor/Usaha, Influence/Pengaruh, Finances/Keuangan, dan Expertise/Keahlian) Anda untuk tujuan yang menarik bagi Anda. Pengembalian Anda atas investasi ini akan jauh lebih besar dibandingkan apa yang dapat Anda beli atau lakukan sendirian. Organisasi dan badan nirlaba, seperti Village Impact, sangat membutuhkan banyak pemimpin untuk terlibat secara besar-besaran. Anda memiliki kemampuan

untuk melakukan banyak hal, dan saya menantang Anda untuk *all in*.

Salah satu buku bisnis favorit saya sepanjang masa adalah "Good to Great"[22] karya Jim Collins. Ada satu bacaan yang ia gunakan untuk mengakhiri bukunya, dan itu mengungkapkan kebenaran yang akan dibahas dalam bab ini.

Pada akhirnya, merupakan hal yang mustahil untuk memiliki kehidupan yang hebat kecuali itu adalah kehidupan yang bermakna. Dan sangat sulit untuk memiliki hidup yang bermakna tanpa pekerjaan yang bermakna. Mungkin, nanti, Anda akan mendapatkan ketenangan yang langka yang berasal dari mengetahui bahwa Anda telah memiliki andil dalam menciptakan sesuatu dengan keunggulan intrinsik yang memberikan kontribusi. Benar-benar, Anda bahkan mungkin mendapatkan kepuasan terdalam dari semua kepuasan: mengetahui bahwa waktu singkat Anda di bumi dihabiskan dengan baik, dan bahwa hidup Anda berarti.

Memilih untuk menjadi seorang pemimpin yang berdampak itu berarti. Dan Anda dapat melakukannya ketika Anda menjual keripik kentang atau membangun sumur di Afrika. Semua ini dapat menjadi pekerjaan yang baik yang memberi dampak pada orang lain dalam perjalanan dengan menggunakan karunia, bakat, dan sumber daya yang Anda miliki.

BAB 11

DAMPAK (KEHIDUPAN PROFESIONAL, PRIBADI, DAN ROHANI)

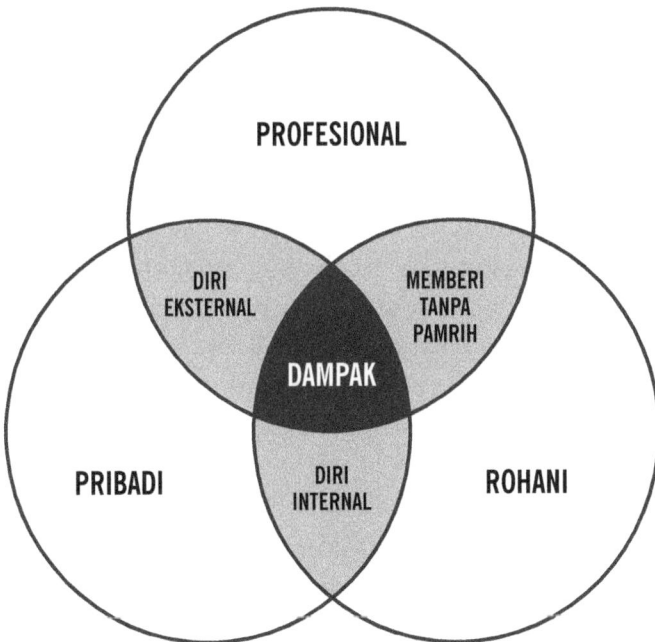

Saatnya untuk menyatukan semuanya. Konvergensi keunggulan profesional, pengoptimalan pribadi, dan kedalaman spiritual menciptakan lingkungan yang tepat dalam kehidupan pemimpin untuk memberikan dampak. Perhatikan bahwa saya tidak mengatakan, dampak akan otomatis terjadi ketika elemen-elemen ini ada bersa-maan. Masih perlu ada keputusan untuk menjadi pemimpin yang memberi dampak bagi orang lain. Niat juga diperlukan.

Saya ingin menemukan peluang untuk memberikan dampak ketika saya masih menjadi pemasar muda di Frito-Lay. Setiap tahun, kantor pusat Frito-Lay mendukung the United Way, yang menggalang dana untuk program-program komunitas penting yang melayani mereka yang kurang beruntung di kota tersebut.

Pada tahun tersebut, karyawan Frito-Lay mengadakan lelang barang-barang tertentu yang dapat ditawar oleh karyawan lain untuk mengumpulkan uang. Lelang ini memiliki barang-barang yang keren, seperti tiket pertandingan NBA dan NHL, memorabilia olahraga yang bertanda tangan, TV layar lebar, tiket konser, dan sebagainya. Mereka juga berkreasi dan menyumbangkan tempat parkir eksekutif mereka selama enam bulan, liburan selama seminggu, gratis makan siang selama sebulan, dan fasilitas serupa lainnya. Namun saat saya membaca daftar lelang, ada satu hal yang benar-benar menarik per-hatian saya. Anda bisa menawar satu jam dengan presiden, Marc Guay. Deskripsi tersebut menyebutkan bahwa Anda bisa meminta-nya "membersihkan meja Anda, menulis laporan, meninjau anggaran Anda—apa pun yang Anda inginkan".

Tawaran dimulai dari tujuh puluh lima dolar. Belum ada yang mencantumkan nama mereka di atas kertas tersebut. Saya segera mengambil pulpen dan menuliskan nama saya dan tawaran awal.

"Braden, apa yang Anda lakukan?" rekan saya bertanya ketika ia melihat saya menuliskan nama saya.

"Tujuh puluh lima dolar adalah kesepakatan yang bagus untuk satu jam dengan presiden," kata saya.

"Anda masih baru, jadi saya akan memberitahu Anda. Setiap tahun, hanya VP dan eksekutif yang menawarnya. Saya tidak akan melakukan ini jika saya jadi Anda," katanya memberitahu saya.

"Yah, saya rasa saya juga akan kalah dalam penawaran," saya menenangkannya

Saya tidak kalah dalam penawaran. Saya memenangkan satu jam bersama presiden senilai tujuh puluh lima dolar. Rupanya, seluruh perusahaan menganggap ini lucu bahwa anak baru di bidang pemasaran cukup berani untuk melakukan penawaran. Mereka mungkin ingin melihat kekacauan yang akan terjadi dan bertaruh berapa lama saya bisa mempertahankan posisi saya setelahnya.

Keesokan harinya, saya menemui asisten presiden untuk menjadwalkan pertemuan saya.

"Marc punya waktu untuk bertemu dengan Anda tiga bulan dari sekarang. Apakah tidak masalah?" katanya.

"Tidak masalah," jawab saya ... seolah-olah saya punya pilihan.

Menunggu selama tiga bulan itu lama, namun saya kira satu jam bersama seorang karyawan muda tidak berada di urutan teratas dalam daftar prioritas presiden. Ini juga memberi saya cukup waktu untuk berpikir apa yang akan saya minta untuk ia lakukan untuk saya.

Waktu berlalu, dan tiba saatnya ketika hanya ada satu minggu sebelum jam saya. Saya punya rencana, tetapi saya tidak ingin memberi tahu siapa pun.

"Apa yang akan Anda minta untuk ia lakukan?" rekan-rekan kerja saya bertanya.

"Saya tidak bisa memberitahu Anda. Ini adalah sebuah kejutan." Saya akan menjawab demikian.

Sehari sebelum jam saya bersama presiden, wakil presiden bagian pemasaran, Dale Hooper, mengajak saya ke kantornya. Ia meminta saya duduk di dekat meja kecil dan ia bersandar di meja besarnya.

"Jadi katakan pada saya, apa yang akan Anda minta untuk Marc lakukan pada jam Anda bersamanya?" tanyanya.

"Saya tidak bisa memberi tahu Anda. Ini adalah kejutan," jawab saya. Saya bisa langsung mengetahui bahwa ia tidak menyukai jawaban tersebut.

"Braden, saya menyukai Anda. Saya pikir Anda memiliki masa depan di sini. Anda perlu memberi tahu saya," katanya. Nada suaranya semakin keras.

"Maafkan saya. Saya tidak bisa memberi tahu Anda. Tetapi Anda bisa percaya pada saya bahwa ini akan baik-baik saja," kata saya.

"Baiklah. Ini hidup Anda," katanya sambil mengantar saya keluar dari ruangannya.

Hari berikutnya tiba, dan saya merasa sangat bersemangat. Saya tiba di kantor presiden sepuluh menit sebelum waktu yang dijadwalkan dan menunggu.

"Marc bisa menemui Anda sekarang. Ia bisa ditemui beberapa menit lagi, tetapi saya akan mengajak Anda masuk," kata asistennya.

Ia mengantar saya ke sudut kantor. Mejanya terbuat dari kayu mahoni berwarna cokelat tua yang terletak bersebelahan dengan meja bundar kokoh lainnya dengan empat kursi di sekelilingnya. Kantor tersebut didekorasi dengan buku-buku, banyak penghargaan, dan sampel makanan ringan paling terkenal di atasnya.

Yang membuat saya terkejut, asistennya terus berjalan melewati kantor dan membuka pintu samping. Pintu tersebut mengarah ke ruang konferensi eksekutif kecil dengan meja panjang dan delapan kursi. Terdapat bar lengkap dan lemari es penuh dengan makanan, makanan ringan, dan berbagai jenis minuman. Ini benar-benar hal yang baru bagi saya. Saya melihat sekilas bagaimana 1 persen mengadakan rapat. Ia meminta saya duduk di salah satu ujung meja.

"Hai, Braden, maaf membuat Anda menunggu," kata Marc. Ia memiliki sedikit akses Prancis-Kanada dan bertubuh tinggi dengan rambut cokelat yang disisir ke belakang.

"Tidak apa-apa. Terima kasih telah meluangkan waktu," kata saya. "Saya punya sesuatu untuk dilakukan bersama selama satu jam ini."

"Bagus. Saya penasaran untuk mengetahui apa yang akan kita lakukan," katanya.

Saya merasa gugup, jantung saya berdebar kencang, tetapi saya telah berkomitmen, jadi saya melakukannya. Saya mengeluarkan selembar kertas dengan tabel spreadsheet Excel. Saya telah menguraikan beberapa proyek besar yang telah saya kerjakan selama beberapa bulan terakhir. Di samping setiap proyek terdapat deretan nama orang-orang yang berperan penting dalam proyek tersebut, termasuk pemasok, konsultan dari luar, manajer pabrik, keuangan, dan biro iklan. Di samping setiap nama terdapat hal-hal spesifik yang mereka lakukan dengan baik dalam proyek tersebut dan nomor telepon mereka.

"Marc, saya ingin Anda menelepon orang-orang ini dan memberi tahu mereka atas nama Frito-Lay bahwa Anda menghargai pekerjaan mereka dalam proyek," kata saya.

"Baiklah. Ini adalah jammu," jawabnya.

Saya dapat melihat ia agak cemas tentang prospek menelepon orang-orang asing ini, namun ia melakukannya. Ada sekitar lima belas orang yang ia hubungi, dan 90 persen dari angka tersebut, ia meninggalkan pesan suara untuk mereka. Proses ini memakan waktu sekitar empat puluh menit. Kami masih punya waktu dua puluh menit lagi.

"Ada lagi?" tanyanya.

"Hanya beberapa hal lagi," jawab saya. Saya mengeluarkan dua kartu dari portofolio saya.

"Saya ingin Anda menulis kartu ini untuk wakil presiden bagian pemasaran dan direktur pemasaran untuk memberi tahu mereka apa yang Anda hargai dari mereka dan pekerjaan yang selama ini mereka lakukan," kata saya.

"Baiklah," jawabnya.

Ia mengambil kartu dan pulpen lalu mulai menulis pesan singkat di setiap kartu. Ia menempatkan kartu tersebut di dalam amplop setelah ia selesai dan menulis nama depan mereka di bagian depan kartu.

Proses ini memakan waktu sekitar lima belas menit. Saya masih punya waktu lima menit lagi.

Pada baris terakhir pada dokumen Excel adalah nama istri dan alamat pribadinya serta nomor telepon sebuah toko bunga.

"Yang terakhir, saya ingin Anda memesan bunga untuk istri Anda," kata saya.

"Benarkah?" tanyanya. "Baiklah. Ini adalah jam Anda."

Marc menghubungi nomor telepon toko bunga tersebut dan memesan sebuah buket bunga untuk istrinya. Saya sudah menyiapkan kartu kredit saya, tetapi ia melambaikan tangannya untuk memberikan isyarat tidak, dan ia memberikan nomor kartu kreditnya sendiri ke toko bunga tersebut.

"Saya juga ingin memesan satu buket lagi," katanya.

Ia lalu meletakkan gagang telepon di atas bahunya dan bertanya di mana alamat kekasih saya. Ini adalah kejutan besar. Saya memberi tahu alamatnya, dan ia menyelesaikan pesanannya. Waktu kami sekarang sudah habis.

"Terima kasih, Marc, atas waktu Anda. Saya sangat menghargainya," kata saya.

"Tidak, terima kasih. Ini sangat berbeda dengan apa yang saya perkirakan, tetapi dalam arti yang baik," jawabnya.

Saya meninggalkan kantornya dan menyerahkan dua kartu tersebut pada direktur dan wakil presiden saya. Mereka bertanya bagaimana hasilnya dan apa yang kami lakukan.

"Baik," balas saya. "Kami hanya membicarakan proyek saya dan orang-orang yang bekerja dengan saya."

Keesokan harinya, saya menerima sejumlah email terima kasih dan pesan suara dari orang-orang di daftar proyek. Salah satu agensi bahkan meneruskan pesan dari Marc ke seluruh kantor mereka sebagai penyemangat. Kekasih saya, Jen, yang kini menjadi istri saya, menyukai bunganya. Yang lebih penting, Marc mendatangi saya beberapa hari kemudian.

"Terima kasih, Braden. Kemarin merupakan jam yang bermakna bagi saya, dan istri saya menyukai bunganya, katanya sambil tersenyum lebar dan menepuk punggung saya seakan saya adalah rekan satu timnya.

Harapan saya adalah memberi dampak padanya dan orang-orang yang bekerja dengan saya. Saya menyadari bahwa tidak perlu tindakan besar atau banyak waktu atau pun uang untuk membuat perbedaan. Ini hanya membutuhkan niat.

Niat adalah sebuah rencana. Kita tidak pernah berencana untuk gagal; kita biasanya hanya gagal untuk merencanakan. Sampai sejauh ini, Anda harus tahu *mengapa* Anda ingin menjadi pemimpin yang memberi dampak. Anda perlu memulainya dengan *siapa* Anda akan fokus. Putuskan *apa* yang akan Anda lakukan. Lalu tulis di kalendar Anda untuk memastikan *kapan* dan *bagaimana* Anda menyelesaikannya.

Saya akan menggunakan istri saya Jen sebagai contoh yang dekat dengan rumah. Ia memimpin beberapa kelompok wanita dan mengajar Alkitab. Ia adalah guru yang sangat baik dan ratusan wanita bergabung dengannya secara online setiap rabu malam. Namun saya menyadari ia membutuhkan peralatan yang lebih baik di rumah. Saya menulisnya di kalendar saya untuk memesan lampu, kamera, mikrofon yang lebih baik, dan menyewa seorang kontraktor untuk membangunnya di ruang kerja di rumah kami. Tuhan tahu saya tidak bisa menggunakan palu. Akan membutuhkan perombakan dan sejumlah uang. Namun apa yang istri saya lihat dari hal ini? Bahwa saya berinvestasi padanya. Saya memberinya dorongan dalam talentanya dan mengorbankan waktu dan uang untuk melihatnya melakukannya dengan baik. Di mana dampaknya? Saya membantunya menjadi lebih baik, dan ia membantu lebih banyak orang sebagai gantinya.

Ini adalah sebuah contoh kecil. Namun di sinilah dampak dimulai.

Di mana Anda dapat secara sengaja memberikan pengaruh dan dampak pada orang lain? Bagaimana Anda bisa mengejutkan, memberi dorongan, atau mendukung pasangan Anda? Anak-anak Anda? Karyawan atau pelanggan Anda? Lembaga nirlaba mana yang dapat Anda ajak untuk bermitra?

Teruslah mencari peluang, membuat rencana, lalu segera eksekusi. Beginilah cara para pemimpin yang memberi dampak memulai dan melanjutkannya.

PEMIMPIN YANG MEMBERI DAMPAK

Bagaimana Anda tahu seperti apa pemimpin yang memberi dampak itu? Bagaimana Anda tahu jika Anda atau orang lain menghidupi ini? Menurut pengalaman saya, ada tujuh sifat utama yang menjadi bukti. Ini mungkin berbeda satu sama lain, tetapi prinsip-prinsip dari sifat ini diambil dari tema yang telah dibahas tetap berlaku.

TUJUH SIFAT UTAMA

1. Didorong oleh **tujuan pemenuhan** yang berfokus pada perbaikan orang lain.

2. Menghadapi dan **menyelesaikan konflik** dalam hubungan dengan ketekunan dan perhatian.

3. Menunjukkan **kelembutan dan kesabaran** di tengah stres, ketegangan, atau frustasi.

4. **Murah hati** dengan nasihat, waktu, dan keuangan mereka pada orang lain dan perkara yang membuat mereka tertarik dan merasa memiliki passion di bidang tersebut.

5. **Disiplin** dengan kesehatan pribadi, tujuan pengembangan, dan kegiatan mereka untuk memastikan mereka memiliki energi dan kapasitas untuk orang-orang dan proyek-proyek yang penting.

6. Berada dalam **komunitas** dengan orang-orang yang berpikiran sama yang membuat mereka bertanggung jawab, memberi mereka dorongan, dan memacu mereka menuju hal-hal yang lebih besar.

7. Memiliki **niat** untuk memberi dampak pada orang lain.

Ketika saya melihat daftar ini dan merenungkan hidup saya sendiri, saya menyadari bahwa ada saat-saat di mana saya mereasa saya memiliki semua sifat di atas dan saat-saat di mana saya merasa gagal total. Jika saya adalah pendulum, saya bergerak ke kiri dan ke kanan. Setelah bertahun-tahun, saya akhirnya menyadari bahwa perasaan pendulum ini merupakan hal yang normal. Masalah hadir dan Anda memiliki musim yang berbeda dalam hidup Anda. Namun secara keseluruhan, Anda harus melihat kemajuan sebagai pemimpin karena Anda memiliki niat dan memanfaatkan peluang untuk memberi dampak.

KEHIDUPAN DINAMIT

Pada tahun 1864, Alfred Nobel yang berusia tiga puluh satu tahun sedang bereksperimen dengan bahan peledak saat bekerja di fasilitas manufaktur keluarganya di Swedia. Kecelakaan ledakan besar ini merenggut nyawa lima orang, termasuk Emil, adik laki-laki Alfred. Alfred merasa sangat terpukul karenanya. Apakah ia menyalahkan dirinya sendiri atau tidak, kami tidak tahu, tetapi ini mendorongnya untuk mencari bahan peledak yang lebih aman. Pada tahun 1867, Alfred mematenkan campuran nitrogliserin dan zat penyerap, yang ia beri nama "dinamit". Bom—keberuntungan ada di ujung jarinya. Namun ini bukanlah dampaknya.

Pada tahun 1888, Ludvig, saudara laki-laki Alfred meninggal dunia saat berada di Prancis. Sebuah surat kabar Prancis menerbitkan berita duka Alfred secara tidak sengaja, bukan berita duka Ludvig. Bisakah Anda membayangkan seseorang mengirimi Anda berita duka dari Prancis tentang hidup dan mati Anda? Apa yang tertulis di sana? Sayangnya bagi Alfred, berita duka palsu tersebut tidak baik padanya. Berita tersebut mengutuk Alfred karena menciptakan dinamit dan menyebabkan begitu banyak kematian di dunia dari negara-negara yang menggunakannya sebagai bahan peledak militer. Ia terguncang. Alfred berusia lima puluh lima tahun pada saat itu, dan ini bukanlah bagaimana ia ingin dikenang atau warisan yang ingin ia tinggalkan di dunia ini.

Apa yang bisa ia lakukan? Apakah yang akan Anda lakukan jika Anda menjadi Alfred?

Nobel adalah seorang penemu. Bisakah ia menginspirasi para penemu lain untuk mencapai, menciptakan, dan menemukan sesuatu untuk kebaikan yang lebih besar? Alfred menyisihkan sebagian besar harta miliknya untuk menganugerahkan Hadiah Nobel. Penghargaan moneter dan publik ini akan memberi penghormatan pada orang-orang untuk prestasi luar biasa dalam bidang fisika, kimia, kedokteran, sastra, dan untuk melangkah menuju perdamaian.

Ia tidak sempat melihat banyak hadiah diberikan. Beberapa tahun kemudian, ketika Alfred berusia enam puluh enam tahun, ia meninggal dunia karena stroke di Italia. Ia meninggalkan dana sebesar $250 juta (setara dengan USD saat ini) untuk mendanai Hadiah Nobel.

Ia meninggalkan warisan yang akan berdampak pada jutaan orang. Bukankah menyenangkan memiliki seperempat milyar dolar untuk ditinggalkan sebagai dampak?

Namun nominal bukanlah yang terpenting, tetapi niat. Alfred harus menciptakan ide, menyatukannya, melibatkan orang-orang yang tepat, dan memastikan bahwa penghargaan ini akan tetap berlanjut setelah ia meninggal. Ia harus memiliki rencana yang bagus. Ia mengumpulkan banyak uang, dan kemudian, ia menyumbangkan banyak uang. Ia bertanggung jawab dengan apa yang diberikan padanya. Ia membentuk perubahan yang ingin ia lihat di dunia.

DARI LEGENDA HOKI KE LEGACY KEPEMIMPINAN

Satu pemimpin lain yang mengambil apa yang diberikan padanya dan menggunakannya untuk membuat dampak yang abadi adalah Paul Henderson.

"Braden, Tuhan mengambil lompatan tujuan pada tahun 1970an dan menggunakannya dengan cara yang ampuh," Paul berkata pada saya pada suatu hari.

Jika Anda tidak tahu siapa Paul Henderson, ia adalah ikon hoki Kanada. Ia adalah pemain hoki profesional di Liga Hoki Nasional pada tahun 1960-an dan 1970-an. Namun ia menjadi populer terjadi ketika ia berkompetisi untuk Kanada di Seri KTT di tahun 1972, yang merupakan delapan permainan melawan Uni Soviet. Ini adalah pertama kalinya pemain hoki profesional bisa bermain di kancah internasional, dan dunia ingin melihat dua negara terbaik bersaing dengan pemain terbaik mereka. Empat pertandingan dimainkan di Kanada dan empat lainnya di Uni Soviet. Karena pertandingan ini terjadi pada era Perang Dingin, ada ketegangan yang tinggi.

Paul mencetak gol penentu kemenangan pertandingan di pemainan keenam dan juga di permainan ketujuh, tetapi luar biasanya, golnya yang paling terkenal adalah pada permainan kedelapan dengan skor imbang. Paul kembali mencetak gol penentu kemenangan dengan sisa waktu hanya tiga puluh empat detik. Seluruh Kanada berteriak sangat keras, dan gambar Paul yang melompat dan diserbu oleh rekan satu timnya akan dapat dilihat selama beberapa dekade mendatang. Gol ini disebut sebagai "gol abad ini".

Itu hanya gol dalam permainan di mana Anda meluncur di atas es dan memasukkan bola karet ke dalam jaring. Namun, karir bermain dan gol Paul menciptakan platform untuknya. Hoki memberinya pengaruh. Yang ia lakukan dengan pengaruh tersebut adalah apa yang membedakannya sebagai pemimpin yang memberi dampak.

Paul memiliki Kehidupan Profesional yang sangat baik dalam permainan hoki. Kehidupan Pribadinya juga solid. Ia menikahi Eleanor, kekasihnya saat SMA. Mereka memiliki pernikahan yang fantastis dengan tiga anak dan tujuh cucu. Paul dan Eleanor adalah pembicara bersama FamilyLife selama bertahun-tahun dan membantu pasangan lain tentang bagaimana memiliki pernikahan yang kuat. Paul juga merupakan seorang motivator dan telah berbicara di depan ribuan orang di beberapa perusahaan terbesar di Kanada.

Namun, hal yang benar-benar membedakan Paul adalah Kehidupan Rohaninya. Paul menjadi seorang Kristen dan memberikan hidupnya pada Tuhan ketika ia bermain untuk Toronto Toros pada tahun 1975. Ketika pindah ke Birmingham dan menjadi Birmingham Bulls pada akhir 1970-an, Paul bertemu dengan John Bradford di gerejanya, dan ini mengubah hidupnya.

"Paul, mengapa Anda tidak bergabung dengan kelompok pengikut untuk pria?" John bertanya padanya. "Itu adalah sekelompok pemuda yang perlu akar yang lebih kuat dalam Kehidupan Rohani mereka. Saya pikir Anda akan menyukainya."

"Tentu. Saya akan datang," kata Paul.

Kelompok ini mengubah hidup Paul. Selama tiga tahun, John mengajar mereka bagaimana cara menghabiskan waktu bersama Tuhan, apa arti dari hidup dengan setia, dan bagaimna cara menjadi pemimpin. Ketika ada kebutuhan untuk memulai kelompok baru, John tahu siapa yang harus diminta untuk memimpinnya.

"Paul, ada beberapa orang yang kini percaya, dan saya membutuhkan seorang pemimpin untuk memimpin kelompok ini," kata John.

"Baiklah. Tetapi saya tidak bisa memimpin kelompok seperti yang Anda lakukan," jawab Paul.

"Anda tidak perlu melakukannya. Pimpin dengan cara Anda sendiri dan atau kecepatan yang Anda inginkan," kata John.

Paul menerima tantangan tersebut dan memimpin kelompok ini selama beberapa tahun. Ia menyukainya. Ia menetapkan standar yang tinggi untuk kelompok ini sejak awal.

"Kita mulai tepat waktu dan selesai tepat waktu. Dan jika saya datang setelah mempersiapkan diri, saya harap Anda juga sama," katanya.

Pada tahun 1984, setelah pensiun dari hoki profesional, Paul kembali ke Kanada. Ia memanfaatkan ketenarannya di Kanada dengan Atlet dalam Aksi dan berbicara dengan sekolah, bisnis, dan acara olahraga selama lebih dari setahun. Lalu pada tahun 1986, ia ingin kembali memimpin kelompok. Tidak ada yang seperti kelompok yang ia pimpin di Birmingham, dan ia ingin mewujudkannya di Kanada. Ia berbicara dengan tiga pengusaha tentang visinya, dan bersama-sama, mereka memulai satu kelompok di pusat kota Toronto. Tidak lama kemudian, seorang pengacara bernama Fred Christmas bertanya apakah Paul dapat memimpin kelompok di kotanya di Hamilton. Paul menerimanya. Visi Paul adalah memiliki dua puluh lima kelompok pemimpin yang melihat perubahan kehidupan nyata, dan ia menyebutnya Leadership Group.

Pada tahun 2007, Leadership Group bergabung dengan Leadership Ministries untuk membentuk LeaderImpact, yang kini beroperasi di lebih dari dua puluh lima negara di seluruh dunia, dengan ratusan kelompok dan ribuan pemimpin yang terlibat. Model kelompoknya masih digunakan sampai sekarang.

Paul menggunakan platformnya untuk memberikan pengaruh pada pemimpin-pemimpin dan mengubah hidup mereka. Pengorbanan dan apa yang ia lakukan menciptakan gerakan yang layak diikuti dan kehidupan yang berdampak. Anda bisa melakukan hal yang sama.

MASALAH DENGAN MINYAK

Saya telah menggunakan beberapa contoh besar tentang pemimpin yang memiliki platform besar, tetapi Anda tidak perlu menjadi seorang selebriti atau atlet profesional untuk bisa memberi dampak. Bruce Edgelow adalah seorang eksekutif bisnis yang mendanai dan banyak bekerja di industri minyak dan gas. Pada tahun 2015, harga minyak anjlok, dan terus berlanjut tanpa terlihat ada jawaban. Sebagai salah satu dari pemberi pinjaman terbesar, perusahaannya terancam mengalami kerugian sebesar jutaan dolar. Ia punya rencana untuk memberi dampak.

Bruce mengadakan pertemuan besar dengan para CEO dan presiden perusahaan yang berutang uang pada mereka dan sedang berjuang. Semua undangan datang.

Ketika semuanya datang, ruangan itu dipenuhi kecemasan. Para eksekutif yang berada di puncak dunia beberapa tahun sebelumnya kini menghadapi situasi ekonomi terburuk dalam karir mereka. Beberapa ahli membuka pertemuan dengan membahas keadaan industri minyak saat ini dan di masa depan, lalu Bruce bangkit untuk berbicara di depan kelompok. Banyak orang di ruangan mengira Bruce akan mengomeli mereka karena membuang-buang uang, anggaran membengkak, dan perencanaan yang buruk, tetapi ia tidak melakukannya. Ia mengambil kesempatan ini untuk membahas sesuatu yang lebih dalam.

Bruce membagikan bagaimana ia, sebagai seorang pemimpin, menemukan harapan ketika keadaan sedang buruk. Ia berbicara pada mereka tentang maju sebagai pemimpin di masa-masa sulit, pentingnya keluarga dan hubungan-hubungan, dan ia membagikan bagaimana keyakinan pribadinya memberikan perspektif tentang identitasnya.

Bruce pada dasarnya mengajari mereka bagaimana menjadi pemimpin yang memberi dampak dalam Kehidupan Profesional, Pribadi, dan Rohani mereka. Itu adalah hal yang cantik. Ketika Anda mengajar dan menggerakkan orang ke arah perilaku positif yang berkelanjutan, itu adalah dampak.

Umpan balik dari para undangan pada pertemuan itu juga luar biasa. Itu adalah salah satu pertemuan terbaik yang diselenggarakan oleh Bruce. Ia mengambil kesempatan dan memanfaatkan pengaruhnya untuk memberi dampak pada kehidupan para pemimpin yang, pada girilannya, akan memberi dampak pada orang lain yang mereka pimpin.

Apakah Anda melihat bagaimana pemimpin mana pun dapat menjalani kehidupan yang memberi dampak? Ini bisa merupakan gestur yang disengaja yang memberi dampak dan mempengaruhi seseorang yang dekat dengan Anda. Ini bisa merupakan tindakan kecil yang tumbuh menjadi sesuatu yang lebih besar. Ini bisa merupakan dasar legacy yang akan dibawa.

Dampak terjadi ketika Kehidupan Profesional, Pribadi, dan Rohani Anda optimal dan selaras.

KUNCI YANG PERLU DIINGAT

Saya benar-benar percaya pemimpin memiliki potensi untuk mengubah dunia. Kami membutuhkan orang-orang seperti Anda untuk maju dan menjalani kehidupan yang memberi dampak. Untuk membantu Anda melakukannya, ingatlah:

- **Berkomitmen pada dampak.** Menginginkan Kehidupan Profesional, Pribadi, dan Rohani akan memerlukan komitmen untuk melakukan pekerjaan. Anda tidak sempurna—tidak ada yang sempurna. Namun Anda akan terus mengalami peningkatan jika Anda berniat untuk terus melakukannya. Ini bukanlah diet untuk mencoba dan melihat apakah Anda mendapatkan hasil yang diinginkan. Ini adalah keputusan hidup. Keputusan untuk mengatakan bahwa Anda ingin menjadi pemimpin yang memberi dampak.
- **Cari peluang.** Setiap orang atau organisasi yang terlibat dengan kita menciptakan peluang untuk dampak. Terbukalah. Luangkan waktu. Lakukan dengan niat. Bisakah Anda memberikan semangat dalam kehidupan seseorang? Bisakah Anda mengi-

rim bintang baru ke kesempatan pelatihan yang dibutuhkan? Bisakah Anda membantu anggota keluarga dari karyawan menangani kecanduan mereka? Bisakah Anda memberi kejutan pada pasangan Anda dengan kencan malam yang seru ataupun hadiah kecil? Bisakah Anda mendukung amal dengan bisnis Anda dengan cara yang lebih besar? Bisakah Anda membeli satu jam dengan seorang presiden?

- **Rencanakan dampak.** Ketika Anda melihat peluang, mulailah untuk merencanakan dampak. Apa yang akan Anda lakukan, bagaimana Anda akan melakukannya, dan kapan? Saya telah menemukan bahwa saya perlu menjadwalkan segalanya, bahkan termasuk tindakan spontan. Ini untuk memastikan saya akan menyelesaikannya. Ingatlah bahwa tidak ada dampak tanpa tindakan.

Salah satu lagu hit Michael Jackson dari albumnya *Bad* dirancang untuk membawa "sinar matahari ke dunia". Ini akan menjadi sangat penting selama pandemi COVID-19. Judulnya adalah "Man in the Mirror." Sebagian dari hasil lagu itu pada tahun 1980-an disumbangkan ke Ronald McDonald House untuk anak-anak yang hidup dengan kanker. Premis lagu ini sederhana. Jika Anda ingin dunia ini menjadi lebih baik, Anda harus berubah terlebih dahulu. Anda bahkan dapat mencoba menjerit seperti MJ saat Anda bernyanyi bersamanya.

Raja pop itu benar. Jika Anda ingin menjadi pemimpin yang memberi dampak, itu dimulai dari Anda. Namun Anda tidak bisa melakukannya sendiri.

BAB 12

TIDAK ADA YANG SUKSES SENDIRIAN

Saya sedang menonton wawancara seorang pria yang membangun grup dealer mobil yang sukses di Michigan. Ia berkeliling *mansion*, dan berjalan ke halaman yang mewah di bagian tengah rumahnya. Di tengahnya ada air mancur bundar dan patung di tengahnya.

"Ini adalah karya seni favorit saya dari seluruh rumah," katanya sambil menunjuk ke patung bergaya monumen. "Ini adalah *Self-Made Man* oleh pematung Bobbie Carlyle. Dan saya menyukainya. Patung ini berbicara tentang hidup dan kesuksean saya."

Saya duduk di sana dan hanya merasa kasihan padanya. Tentu saja, ia berhasil dan harus mengatasi rintangan dan didikan keluarga yang keras, yang patut diacungi jempol. Namun ia melewatkan sebuah kebenaran penting.

Tidak ada orang yang berhasil sendirian. Tidak pernah.

Apakah mereka menyadarinya atau tidak, itu masalahnya.

Bayangkan bekerja untuk seseorang atau dengan seseorang yang benar-benar percaya bahwa mereka *self-made*. Apakah mereka akan terbuka untuk umpan balik dan koreksi? Apakah mereka akan mendelegasikan secara efektif dan memberi otonomi pada orang lain? Apakah mereka akan mengembangkan orang-orang di sekitar mereka dan memungkinkan mereka untuk sukses atau melampaui mereka? Mungkin tidak. Ini akan menyesakkan dan kemungkinan besar menciptakan budaya narsisme.

Anda dapat memiliki kesuksesan tetapi tidak memberi dampak. Setidaknya tidak dalam cara kita mendefinisikannya.

Ada tim yang kita semua butuhkan selain tim yang ada di bisnis atau organisasi langsung. Jangan salah paham; tim dalam pekerjaan Anda adalah kuncinya, dan Anda saling membutuhkan satu sama lain untuk mendapatkan hasil, tetapi untuk tujuan memberi dampak di hidup Anda, Anda membutuhkan tim lain. Ini adalah orang-orang di hidup Anda yang memainkan peran khusus yang diperlukan untuk membuat Anda tetap pada jalurnya.

Saya menyebutnya PPD, dan ini adalah singkatan dari Pengawal, Pendorong, dan Dewan.

PENGAWAL

Bayangkan film Kevin Costner dan Whitney Houston *The Bodyguard*—film klasik yang tentunya menunjukkan usia saya. Kevin Costner adalah pengawal hebat untuk penyanyi terkenal yang diperankan oleh Whitney Houston. Tugasnya tidak hanya melindunginya dari bahaya langsung, tetapi juga membuat rencana ke depan dan memperingatkan sang penyanyi tentang jebakan, perilaku, atau tindakan yang dapat mengarah pada sesuatu yang membahayakan.

Sebagai seorang pemimpin, Anda memiliki pengaruh dan memainkan peran penting dalam kehidupan. Jika Anda ingin memberi dampak, Anda perlu menjaga diri dari tindakan, perilaku, atau situasi yang dapat membahayakan Anda, mendiskreditkan Anda, atau membuat Anda keluar dari jalur. Seringnya, Anda tidak selalu bisa melihat hal-hal ini, inilah mengapa Anda memerlukan seorang pengawal.

Tumbuh besar, ibu saya adalah pengawal saya, seperti yang banyak orang tua akan lakukan. Ibu saya akan mengawasi saya, memastikan saya bertanggung jawab atas tindakan saya, dan bahkan memaksa saya beristirahat ketika saya membutuhkannya. Saya ingat saya membenci beberapa hal ini pada saat itu, tetapi itulah yang saya butuhkan. Kini, istri saya, Jen, adalah pengawal saya. Ia mengenal saya lebih baik dari pada saya mengenal diri saya sendiri. Ia akan mengingatkan saya ketika saya bekerja terlalu keras atau kurang tidur. Ia akan mengingatkan saya untuk meluangkan waktu dengannya dan anak-anak, karena perhatian saya sering teralihkan dan sibuk dengan pekerjaan. Ia akan mengingatkan saya ketika saya tidak berpikir tentang suatu subyek dengan perspektif yang benar. Hal-hal ini terkadang bisa membuat saya sangat frustrasi, namun saya tahu saya membutuhkannya. Dan karena ia mencintai saya, saya tahu ia melindungi saya untuk kebaikan saya sendiri sehingga saya bisa melakukan hal-hal yang penting dan menjadi pemimpin yang memberi dampak untuk orang-orang yang berarti bagi saya.

Anda memerlukan seorang pengawal dalam hidup Anda. Pasangan, anggota keluarga, teman dekat, atau seseorang yang mengenal Anda dengan baik dan mencintai Anda. Mereka akan membuat Anda tetap bertanggung jawab dan membantu Anda tidak hanya menetapkan batasan tetapi juga tetap berada di dalam batasan tersebut. Jika Anda telah memilikinya, pastikan mereka tahu Anda menghargai perlindungan mereka. Jika Anda belum memilikinya, mulailah untuk mencarinya atau jadilah seorang pengawal untuk orang lain, dan Anda akan melihat mereka melakukan hal yang sama untuk Anda.

PENDORONG

Jika Anda pernah mengunjungi Tokyo, Japan, dan merasakan naik kereta bawah tanah pada jam sibuk, Anda melihat *oshiya*. Itu adalah pendorong kereta api. Mengenakan seragam formal, tugas mereka adalah memastikan semua penumpang telah berada di dalam kereta dan tidak ada yang terjebak di antara pintu. Mereka lebih terkenal sebagai orang yang memberi Anda dorongan lembut namun tegas ke dalam kereta jika diperlukan. Ini adalah gambaran mental yang baik untuk seseorang yang Anda butuhkan di tim Anda—seorang pendorong.

Seperti namanya, pendorong membuat Anda bergerak ke arah yang benar. Mereka akan mendorong Anda untuk keluar dari zona nyaman atau membantu Anda mengambil langkah berikutnya yang selama ini Anda tunda, dan mereka akan memastikan Anda tidak terjebak dalam hidup. Mereka memotivasi Anda.

Salah satu teman saya, Nathan Hildebrandt, adalah seorang pendorong. Ia adalah anggota tim global di LeaderImpact dan dikenal sebagai seseorang yang mendorong para pemimpin untuk mulai menjalani kehidupan yang memberi dampak. Ia tidak memaksa, tetapi ia juga tidak malu dalam menghadirkan peluang dan memberi Anda dorongan untuk mengambil peluang tersebut. Ketika saya melakukan perjalanan ke El Salvador bersama LeaderImpact pada tahun 2004, saya merasa gugup. Nathan memimpin perjalanan dengan empat puluh pemimpin lain dari Amerika Utara, dan kami berbicara dengan para pemimpin bisnis dan mahasiswa di universitas mengenai nilai-nilai, strategi bisnis, dan pentingnya kehidupan rohani Anda.

"Braden, kami ingin Anda berbicara dengan sekelompok besar profesional muda besok malam," kata Nathan pada saya.

"Saya tidak terlalu siap. Saya kira saya bukan orang yang cocok," jawab saya.

"Omong kosong. Anda akan melakukannya dengan baik. Saya akan memberi tahu mereka bahwa Anda berkata ya," katanya dengan nada antusias yang menjelaskan bahwa saya tidak punya pilihan lain.

Akhirnya saya berbicara di depan kelompok profesional muda tersebut. Saya tidak siap dan tidak merasa bisa memberikan sesuatu yang hebat. Saya merasa sangat gugup, tetapi Nathan mendorong saya untuk melakukannya.

Dan coba tebak? Banyak dari profesional muda tersebut yang mendatangi kami dan mengatakan betapa besar hal itu memberi dampak pada mereka. Ini akhirnya menjadi puncak perjalanan bagi saya dan memberi saya visi dan semangat baru untuk membantu para pemimpin. Dorongan Nathan adalah apa yang persis saya butuhkan.

Kita semua membutuhkan pendorong dalam hidup kita untuk mengambil tindakan. Dengarkan mereka. Seperti yang pernah dikatakan Pablo Picasso, sang artis terkenal, "Tindakan adalah kunci dasar untuk semua kesuksesan." Anda terkadang membutuhkan dorongan yang lembut namun tegas untuk membawa Anda ke sana.

DEWAN

Sebagai seorang pemimpin, Anda dituntut untuk membuat keputusan setiap waktu. Inilah sebabnya Anda dibayar banyak. Bagaimana membuat keputusan yang tepat dalam situasi yang berbeda ketika ada banyak langkah yang benar adalah bagian yang sulit. Inilah alasan mengapa ada ribuan buku tentang kepemimpinan untuk membantu kita menavigasi dan menciptakan strategi untuk melakukannya.

Namun ada solusi di tempatnya untuk para pemimpin yang telah teruji dan benar. Sebuah dewan.

Tahukah Anda mengapa perusahaan publik memiliki dewan direksi sebagai bagian dari struktur tata kelola wajib mereka? Untuk membantu pemimpin membuat keputusan yang lebih baik. Perusahaan tahu bahwa seorang pemimpin membutuhkan pendapat, keahlian, pengalaman, atau koneksi lain untuk membantu mereka membuat keputusan yang akan mengarah ke pertumbuhan dan membuat mereka tetap bertanggung jawab dan berada pada jalurnya.

Seperti yang bab ini coba membantu Anda untuk memahami, Anda tidak bisa seefektif itu sendirian. Anda memerlukan sebuah dewan. Saya bekerja dengan pengusaha dan salah satu alasan mereka menikmati menjadi pengusaha adalah kebebasan yang mereka miliki. Namun, banyak kelompok dan organisasi seperti YPO (Organisasi Presiden Muda) atau Vistage atau EO (Organisasi Wirausaha) atau LeaderImpact telah berkembang pesat karena kelompok dan organisasi ini memenuhi kebutuhan hidup seorang pemimpin. Pemimpin membutuhkan tempat yang aman untuk berbicara tentang masalah bisnis dan kehidupan, dan menerima saran dari orang-orang yang objektif untuk membantu mereka menavigasi dunia mereka.

Terlepas dari Anda bergabung dengan kelompok ataupun memulai dewan penasihat Anda sendiri, Anda membutuhkan orang-orang yang mengenal Anda dan memiliki pengalaman untuk memberi Anda saran yang tepat.

Raja Salomo, yang dianggap sebagai salah satu raja yang paling bijaksana dalam sejarah, memberikan pepatah ini: "Rencana gagal karena kurangnya nasihat, banyak penasihat membawa kesuksesan."[23]

Miliki sebuah dewan dalam hidup Anda, dan Anda akan melihat bahwa nasihat kolektif memang membawa kesuksesan yang lebih besar.

BIMBINGAN

Topik bimbingan sering muncul di kalangan para pemimpin, terutama pemimpin muda.

Kurang dari 10 persen pemimpin dalam survei kami memiliki mentor yang berkomitmen untuk pengembangan mereka di semua aspek kehidupan. 32 persen lainnya memiliki mentor di tempat kerja mereka, baik itu supervisor ataupun laporan langsung. Namun Anda perlu berhati-hati: selalu ada peringatan dengan mentor yang terkait dengan pekerjaan karena perjanjian kerja biasanya menjadi penghalang. Apakah mereka benar-benar peduli pada Anda sebagai pribadi yang utuh, atau apakah mereka lebih peduli dengan apa yang dibutuhkan organisasi dari peran yang Anda miliki dan bagaimana membuat Anda lebih produktif? Ini adalah garis yang tipis.

Mengetahui apa yang Anda inginkan dari mentor, mengapa Anda menginginkan mentor, dan menemukannya sangat sulit.

Ketika saya bekerja di Frito-Lay, departemen HR menciptakan inisiatif pendampingan yang memilih karyawan yang lebih muda dan menggabungkan mereka dengan manajer atau direktur dari departemen lain. Mentor saya adalah direktur operasi yang mengawasi produksi di salah satu pabrik. Kami bertemu setiap dua minggu selama satu jam atau saat makan siang untuk saling mengenal satu sama lain, mendiskusikan apa yang terjadi, dan menjawab pertanyaan-pertanyaan yang saya miliki tentang pengembangan karier atau bisnis.

Ia adalah pria yang baik, tetapi hubungannya, dan akhirnya program-nya, gagal. Ini adalah inisiatif yang dimulai dengan janji, berhenti, kemudian dimasukkan ke dalam lemari kegagalan perusahaan. Niat untuk menciptakan hubungan lintas fungsi itu baik. Menghubung-kan pemimpin muda dengan seorang veteran yang berpengalaman itu sangat baik. Mempertahankan hubungan berdasarkan rasa saling percaya itu sulit. Apakah saya bisa benar-benar terbuka dengannya? Memberi tahunya bahwa saya meragukan pekerjaan saya di Frito-Lay? Menunjukkan rasa tidak aman atau daerah rentan dalam karakter saya? Tentu tidak. Kemungkinan ia membagikan hal-hal tersebut dengan direktur atau HR saya akan menjadi risiko karir yang terlalu besar.

Setelah sekitar keempat kalinya kami bertemu, kami berdua sama-sama kehabisan pertanyaan yang ada di permukaan dan strategi yang terkait bisnis untuk didiskusikan. Ia juga tidak begitu mengetahui bagaimana mengembangkan suatu hubungan atau mengembangkan seseorang di luar area fungsionalnya. Saya kira pelatihan mentor HR memiliki batasnya. Kami berdua ingin hal ini berhasil. Sayangnya tidak berhasil. Yang lainnya dalam program yang sama juga memiliki pengalaman serupa, yang merupakan alasan mengapa program ini gagal, dan kami menemukan area lain yang lebih produktif untuk meluangkan waktu kami.

Hubungan mentor formal yang berhasil sangatlah jarang. Jika Anda telah menemukannya dan hubungan tersebut berhasil, hargai itu. Saya pikir banyak pemimpin berharap mereka memiliki ikon bisnis seperti Warren Buffett atau Peter Drucker sebagai mentor. Mereka membayangkan diri mereka bertemu secara teratur, tertawa, menyu-sun strategi, menangis, dan dimotivasi oleh mereka untuk mencapai kejayaan. Mentor selebriti tidak akan terjadi bagi 99,8 persen dari Anda. Dan ini bukan merupakan suatu keharusan.

Dalam berbicara dengan banyak pemimpin, mereka biasanya dibimbing oleh sejumlah orang pada berbagai waktu dalam hidup mereka. Carilah orang-orang dalam hidup Anda dan niatkan untuk minum kopi bersama mereka. Siapkan pertanyaan, dan jangan takut untuk bertanya lebih dalam. Mentor ingin berbagi pengetahuan, tetapi banyak dari mereka yang tidak tahu harus mulai dari mana atau apa yang Anda butuhkan. Anda perlu mengambil alih hidup Anda dan bertanya apa yang Anda butuhkan.

Sama seperti Anda yang mungkin ingin memiliki seorang mentor, ada pemimpin yang ingin dibimbing oleh Anda. Luangkan waktu untuk mereka, tetapi jangan menguasai hubungan tersebut: sang mentee harus lapar dan menginginkan masukan Anda. Ini seperti pepatah, "Saat murid telah siap, guru akan muncul."

YOKE FELLOWS

Ingat Dr. Keith Dindi dari Kenya, yang sempat saya sebutkan di bab 6? Ia memiliki kelompok kecil yang terdiri dari empat teman yang merupakan contoh bagus tentang pentingnya bersama dengan pemimpin lainnya.

"Kami menyebut diri kami 'Yoke Fellows,'" katanya. "Ini adalah kelompok dengan niat yang memastikan kami menjalani kehidupan yang memberi dampak seperti yang kami inginkan. Kami tidak segan-segan untuk saling menanyakan hal-hal yang sulit, seperti hubungan pernikahan, etika bisnis, dan pertanggungjawaban kehidupan rohani. Kami saling mendoakan dan menyemangati. Tanpa ragu, kami saling mendukung satu sama lain. Saya menghargai persaudaraan, dan kami telah bekerja keras selama bertahun-tahun untuk mempertahankan hubungan ini."

Saya senang mendengar ini darinya. Ada dua aspek penting dari Yoke Fellows ini yang saya rasa penting untuk ditekankan pada Anda. Pertama, mereka saling mendukung. Mereka tidak mau membiarkan teman mereka melakukan kesalahan bodoh dan mau mengajukan pertanyaan sulit, yang dapat berisiko menyinggung perasaan. Namun inilah yang dilakukan teman sejati.

Kedua, mereka bekerja keras untuk mempertahankan hubungan tersebut. Membangun kelompok pertemanan di mana Anda sampai pada titik memberi nama, seperti Yoke Fellows, membutuhkan waktu. Dibutuhkan usaha untuk membina persahabatan yang mendalam. Itulah mengapa, sebagai seorang pemimpin, Anda mungkin tidak memiliki terlalu banyak sahabat. Saya tidak selalu pandai berhubungan dengan orang-orang dan membina persahabatan. Terkadang ada waktu di mana hidup disibukkan dengan anak-anak kecil dan bisnis yang sedang berkembang sehingga saya tidak dapat menemukan waktu luang. Namun, saya menyadarinya sekarang, itu adalah alasan yang buruk. Bekerja keras untuk tetap terhubung dan membina persahabatan yang baik? Bekerja keras untuk tetap berhubungan dan menjalin persahabatan. Ini tidak harus berarti banyak waktu tambahan. Hanya niat ekstra dan mungkin bermain golf pada akhir pekan setiap tahun. Teman-teman yang tepat itu seperti emas. Nilai mereka selalu berharga, terutama pada masa-masa sulit.

KUNCI YANG PERLU DIINGAT

Tidak ada orang yang sukses sendirian. Kita semua memerlukan orang-orang dalam hidup kita untuk membantu kita tumbuh secara profesional, pribadi, dan rohani. Kita juga perlu menjadi orang yang dibutuhkan orang lain untuk membantu mereka tumbuh. Ini adalah beberapa saran untuk membantu Anda menjadi lebih baik bersama:

- **Ucapkan terima kasih pada pengawal Anda.** Pengawal adalah posisi yang penting dalam hidup Anda. Biasanya kita meremehkan atau tidak menghargai mereka. Luangkan waktu minggu ini untuk melakukan sesuatu yang spesial bagi pengawal dalam hidup Anda. Belikan mereka makan malam. Kirimi mereka hadiah. Beritahu mereka bahwa Anda menghargai mereka dalam hidup Anda.

- **Jadilah orang yang** pushy. Sama seperti saya yang membutuhkan dorongan untuk melangkah keluar dan berbicara, seseorang membutuhkan itu dari Anda. Carilah peluang untuk mendorong orang-orang di bidang bakat mereka. Dorong seseorang untuk memimpin rapat. Berikan seorang pemimpin muda tugas khusus. Katakan ya pada anak-anak Anda di area tanggung jawab yang baru. Mereka tidak akan melakukannya sebaik yang Anda bisa, tetapi pertumbuhan dalam hidup mereka akan mengambil langkah besar ke depan.

- **Bimbing seseorang.** Anda tidak bisa mengatakan pada seseorang bahwa Anda ingin membimbing mereka. Seorang mentee harus menjadi orang yang memulai dan aktif dalam hubungan. Namun terkadang, pemimpin muda tidak tahu bagaimana untuk bertanya atau seperti apa hubungan itu, jadi Anda mungkin perlu mendorong mereka. Undang seorang pemimpin muda untuk minum kopi atau untuk bertemu dan mulailah dengan mengajukan pertanyaan pada mereka dalam tiga area dampak: Profesional, Pribadi, dan Rohani. Ambil minat pada pemimpin muda dan cari peluang untuk membagikan pengetahuan dan pengalaman Anda pada mereka jika mereka terbuka untuk itu. Jika mereka tidak lapar untuk belajar, jangan buang waktu Anda. Biarkan buah yang matang membusuk. Fokus pada buah yang masih hijau dan bertumbuh.

- **Dorong Yoke Fellows Anda sendiri.** Jika Anda memiliki teman dalam hidup Anda yang sedekat Yoke Fellows—hargai mereka. Terus bertanya pertanyaan sulit satu sama lain. Berkomitmen pada dampak satu sama lain dalam kehidupan. Jangan biarkan mereka menempuh jalan yang salah atau terjebak dalam kegiatan yang salah. Jadilah teman yang selalu mendukung mereka. Selalu.

Bunda Teresa tahu nilai kerja tim dan bekerja sama. Kutipan populer yang dikaitkan dengannya adalah sebuah pengingat yang bagus.

Saya bisa melakukan hal-hal yang tidak bisa Anda lakukan. Anda bisa melakukan hal-hal yang tidak bisa saya lakukan.

Bersama-sama kita bisa melakukan hal yang besar.

Jika Anda ingin mencapai hal yang besar, jangan berpikir seperti orang yang berusaha sendiri. Tidak ada orang yang sukses sendirian.

BAB TERAKHIR
BERSIAP UNTUK DAMPAK

Anda sekarang tahu bahwa dampak tidak sama dengan membantu. Dampak adalah tindakan Anda yang meninggalkan perilaku positif yang terus-menerus atau perubahan dalam kehidupan seseorang. Hal ini terjadi secara alami ketika Kehidupan Profesional, Pribadi, dan Rohani Anda optimal dan selaras.

Anda kini tahu bagaimana menjadi pemimpin yang bisa memberi dampak:

- Anda adalah seorang profesional yang hebat dengan kompetensi yang meningkat. Tiga P Anda berjalan dengan sangat baik—Passion, Pursuit of excellence (mengejar keunggulan), dan Perseverance (Ketekunan).
- Kehidupan Pribadi Anda memiliki niat dan terkendali. Anda memahami bahwa Anda tidak dapat memimpin orang lain jika Anda tidak dapat memimpin diri sendiri. Anda menjaga pikiran dan badan Anda unduk memastikan Anda memiliki energi yang tinggi. Anda memiliki niat tentang hubungan dan orang-orang dalam hidup Anda. Pernikahan dan kehidupan keluarga Anda kuat. Anda disiplin dengan waktu Anda.
- Kehidupan Rohani Anda hidup dan bermakna. Anda berada

dalam perjalanan untuk mengenal Tuhan secara pribadi dan untuk diubah dari dalam. Anda bergerak dari berfokus pada diri sendiri ke berpusat pada orang lain. Pikiran, motivasi, dan keinginan Anda berpusat pada kebenaran, dan Anda mengasihi orang lain dengan tulus.

- Anda bergerak menuju dan siap untuk dampak. Anda melihat pekerjaan Anda sebagai hadiah dengan niat yang bisa Anda dapatkan setiap hari. Orang-orang di hidup Anda menyadari perubahan dan berterima kasih atas perbedaan yang Anda buat dalam hidup mereka. Anda mulai mengenali peluang untuk memberi dampak pada orang lain dan menggunakan bakat, waktu, keterampilan, uang, dan pengaruh Anda untuk membantu orang lain.

- Anda tidak berusaha menjadi pahlawan dan termotivasi untuk memberi dampak untuk kemuliaan atau kemakmuran yang mungkin ditimbulkannya. Anda menemukan perkara dan orang-orang yang Anda sayangi. Anda memiliki misi pribadi dan pernyataan tujuan, dan Anda mengorbankan waktu, perhatian, dan uang untuk memenuhi tujuan itu.

- Anda tidak sendiri. Anda memiliki atau sedang mencari PPD Anda (Pengawal, Pendorong, dan Dewan) untuk memastikan Anda tetap berada di jalur, diberi dorongan, mengambil keputusan yang baik, dan bersenang-senang di sepanjang jalan. Anda memiliki orang-orang yang mengenal Anda, yang seperti Anda, dan yang tidak akan membiarkan Anda menjalani kehidupan yang mementingkan diri sendiri atau biasa-biasa saja.

Tumbuh besar, acara TV favorit saya adalah *G.I. Joe*. Ini adalah tentang tentara militer AS terbaik yang berperang melawan organisasi jahat Cobra. Ini adalah propaganda militer yang luar biasa. Setiap episode akan diakhiri dengan pelajaran hidup untuk anak-anak—misalnya, apa yang harus dilakukan ketika Anda terluka dan mulai berdarah. Karakter G.I. Joe akan memberitahu Anda cara memberi tekanan pada luka dan mencari orang dewasa untuk meminta bantuan. Mereka selalu mengakhiri setiap pelajaran dengan kata-kata "Sekarang kamu tahu... dan mengetahui adalah setengah dari pertempuran."

Jika separuh pertempuran adalah mengetahui, separuh lainnya adalah melakukan sesuatu tentang itu. Anda tahu apa itu dampak, tetapi menerapkannya dan melakukan sesuatu tentangnya adalah permainan yang sama sekali baru.

Mulailah bermain karena Anda adalah satu-satunya pemain untuk posisi Anda.

ANDA SEDANG DIPERSIAPKAN

Anda sedang dipersiapkan untuk suatu tujuan. Dan Anda akan terus dipersiapkan. Pengalaman (baik dan buruk) sepanjang hidup Anda telah membentuk Anda dan memberi Anda sumber daya untuk digunakan untuk tujuan yang lebih besar.

Pikirkan tentang peluang karir Anda. Orang-orang yang mengambil kesempatan pada Anda. Pendidikan, proyek, dan inisiatif yang telah memberi Anda keterampilan dan pengalaman yang Anda miliki. Tempat-tempat yang pernah Anda kunjungi. Keluarga di mana Anda dilahirkan. Teman-teman yang Anda miliki. Keluarga inti yang Anda miliki sekarang. Minat dan passion Anda.

Tidak ada seseorang yang seperti Anda. Tidak akan ada seseorang yang seperti Anda lagi.

Kami tidak dimaksudkan untuk memberi dampak yang sama satu sama lain. Kita semua memiliki peran yang berbeda untuk dijalankan dan cara yang berbeda untuk memberi dampak. Inilah mengapa kita membutuhkan satu sama lain jika ingin melihat perubahan positif di dunia ini. Semakin banyak pemimpin melangkah dan mempengaruhi orang lain, semakin banyak perubahan positif yang akan kita lihat.

Beginilah sebuah gerakan dibuat. Setiap orang berfokus melakukan apa yang bisa mereka lakukan dan menginspirasi orang lain untuk melakukan hal yang sama.

MUSA DIPERSIAPKAN

Musa mungkin merupakan pemimpin dengan dampak paling besar dalam sejarah Israel. Ia memimpin mereka keluar dari Mesir setelah empat ratus tahun perbudakan; membantu menegakkan hukum, tradisi, dan struktur pemerintahan mereka; dan memimpin mereka secara militer melawan negara-negara yang ingin memusnahkan mereka. Kebanyakan orang tahu cerita atau pernah menonton filmnya, seperti *The Ten Commandments*, *Exodus: Gods and Kings*, atau *Prince of Egypt*, tetapi apa yang tidak mereka ketahui adalah bagaimana Tuhan mempersiapkan Musa—bahkan ketika Musa enggan melakukannya.

Dalam percakapan saya dengan orang-orang, saya menemukan mereka sangat menekankan perkembangan rohani para pemimpin dari Alkitab. Memang benar ada kasih sejati untuk Tuhan dan komitmen yang dibutuhkan. Namun ketika Tuhan ingin menggunakan pemimpin untuk memberi dampak, Ia juga mempersiapkan mereka secara profesional, pribadi, dan rohani. Ini tidak acak, dan bukan hanya orang yang memiliki kedalaman rohani yang dipilih untuk tugas-tugas penting.

Musa perlu menyelesaikan salah satu tugas terpenting dalam sejarah Israel. Ia perlu dipersiapkan. Tidak ada pendidikan formal bagi orang Israel pada masanya. Mereka adalah budak. Bagaimana Musa, seorang Israel, belajar tentang bahasa, hukum, struktur pemerintahan, dan taktik militer? Tuhan harus membuka jalan untuk itu.

Ketika Musa masih bayi, Firaun Mesir memerintahkan semua anak laki-laki di bawah usia dua tahun untuk dibunuh, karena ia takut akan pemberontakan suatu hari nanti. Ibu Musa menempatkan Musa di dalam sebuah keranjang dan meletakkannya di Sungai Nil untuk menghindari prajurit. Putri Firaun kebetulan menemukannya dan membawanya kembali ke istana. Ia mengadopsinya sebagai miliknya, dan Musa menerima hak istimewa, pendidikan, dan kesempatan yang sama sebagai seorang anggota keluarga kerajaan.

Tidak ada yang bisa meramalkan ini akan menjadi cara untuk mengedukasi seorang Israel. Namun pengembangan profesional tidak cukup untuk memberi dampak, dan Musa belum siap. Lihatlah apa yang Musa lakukan, seperti yang diceritakan dalam Kitab Keluaran 2:11–12 ("Pesannya").

Waktu berlalu. Musa tumbuh dewasa. Suatu hari ia pergi dan melihat saudara-saudaranya, melihat semua kerja keras itu. Kemudian ia melihat seorang Mesir memukul seorang Ibrani—salah satu kerabatnya! Ia melihat ke arah sini dan ke sana; ketika ia menyadari tidak ada siapa pun di sana, ia membunuh orang Mesir itu dan menguburnya dalam pasir.

Seorang pemimpin yang berpendidikan dan bersemangat siap untuk memimpin. Dalam pertemuan pertamanya, ia kehilangan kesabaran, mengambil tindakan sendiri, dan membunuh seorang pria. Bukan awal yang terbaik untuk pemimpin masa depan. Ia terpaksa meninggalkan negara tersebut dan tinggal di belantara Midian.

Musa membutuhkan waktu untuk memurnikan kehidupan pribadi dan rohaninya. Ia membutuhkan waktu empat puluh tahun di

Midian. Ini adalah waktu yang lama. Saya membutuhkan jangka waktu untuk meresap jadi saya tidak tergesa-gesa dalam hidup saya sendiri. Musa perlu menikah, memiliki anak, dan belajar tentang nilai kerja keras dan ketekunan. Ia perlu tinggal di gurun dan memahami cara tinggal di sana, karena Israel akan berakhir mengembara di gurun itu selama empat puluh tahun. Yang terpenting, ia perlu kerendahan hati dan hormat pada Tuhan. Kehidupan rohaninya sedang dibentuk. Kita tidak tahu apa yang Musa lakukan ketika ia menjadi gembala di Midian. Saya yakin ia berdoa dan berbicara pada Tuhan, karena tidak ada orang lain yang ada untuk diajak bicara. Saya pikir ia memikirkan Tuhan dan mungkin akan menceritakan kembali kisah tentang dirinya sambil berjalan.

Namun ketika Israel sudah siap dan Musa sudah siap, Tuhan memanggilnya dari semak yang menyala.

> "Seruan orang Israel yang minta tolong telah sampai pada-Ku, dan Aku telah melihat sendiri betapa kejamnya mereka diperlakukan oleh orang Mesir. Sudah waktunya bagimu untuk kembali: Aku mengirimmu ke Firaun untuk membawa umat-Ku, bangsa Israel, keluar dari Mesir."

> Musa menjawab Tuhan, "Tetapi mengapa aku? Apa yang membuat-Mu berpikir bahwa aku bisa pergi menghadap Firaun dan memimpin anak-anak Israel keluar dari Mesir?"

> "Aku akan bersamamu," kata Tuhan.[24]

Tanggapan Musa terhadap panggilan Tuhan rendah hati dan segan. Ada juga campuran rasa malu dari apa yang telah ia perbuat ketika berada di Mesir. Musa tidak termotivasi untuk legacy yang akan ia tinggalkan dalam sejarah. Ia bahkan tidak menginginkannya meskipun ia telah siap. Tuhan harus menyemangatinya, memberinya kepercayaan diri, dan menunjukkan padanya melalui mukjizat bahwa Ia akan bersamanya, bahwa semuanya akan baik-baik saja.

Anda biasanya dapat mengetahui kapan Anda siap untuk memberi dampak ketika ada sedikit keengganan meskipun Anda memiliki keterampilan dan pengalaman yang tepat. Ada kedewasaan dalam memahami harga apa yang harus dibayar untuk dampak yang sebenarnya.

Sudah puluhan tahun berlalu sejak perubahan hidup saya yang besar. Saya masih merasa bahwa saya bangun tidur dan belajar bagaimana menjalani kehidupan yang memberi dampak. Ini bukanlah acara atau keterampilan untuk dipelajari atau sesuatu untuk ditambahkan pada profil LinkedIn Anda. Dibutuhkan seumur hidup untuk menguasai tindakan hari demi hari, tetapi hasilnya akan mengejutkan Anda.

Jika Anda terbuka, saya mendorong Anda untuk bergabung dengan kelompok LeaderImpact di kota Anda atau memulai kelompok atau mencari kelompok lain yang membantu Anda di sepanjang perjalanan ini. Bagikan buku ini dengan pemimpin lain dan mulailah membangun kehidupan mereka. Beri tahu saya apa yang Anda lakukan dalam perjalanan memberi dampak ini. Anda dapat menghubungi saya di BradenDouglas.com.

WAKTU YANG DIBERIKAN UNTUK ANDA

J. R. R. Tolkien adalah penulis trilogi *The Lord of the Rings*. Ia hidup di awal abad kedua puluh, ketika dunia sedang dalam peperangan, dan banyak karakter, pertempuran, dan narasi Tolkien yang terinspirasi oleh dunia tempat ia tinggal.

Baru-baru ini saya menonton ulang film *The Lord of the Rings* bersama putra saya, yang sekarang cukup dewasa untuk benar-benar memahami jalan ceritanya dan tidak takut oleh para orc. Jika Anda tidak pernah membaca bukunya atau menonton filmnya, Anda seharusnya dipermalukan di depan umum. Serial ini fantastis, dan seharusnya menjadi bacaan wajib di sekolah. Meskipun istri saya akan mengatakan bahwa ini adalah untuk pria.

Bagaimanapun, ada pertukaran yang indah antara Frodo—Hobbit yang harus membawa cincin kekuatan ke Gunung Doom untuk menghancurkannya—dan Gandalf, penyihir bijak, yang tidak lagi bersama Frodo saat itu. Mereka baru saja mengalami kekalahan dalam pertempuran dengan musuh. Seorang teman baik terbunuh karena membela mereka, dan para Orc membawa pergi rekan-rekan Hobbit yang lain. Frodo merasa putus asa dan marah.

"Saya berharap cincin itu tidak pernah datang pada saya. Saya berharap semua ini tidak pernah terjadi," kata Frodo.

Frodo mendengar suara Gandalf: "Begitu juga semua orang yang hidup untuk melihat saat-saat itu, tetapi itu bukan hak mereka untuk memutuskan. Yang harus kamu putuskan adalah apa yang harus dilakukan dengan waktu yang diberikan padamu."

Posisi pengaruh dan kepemimpinan Anda adalah hadiah yang telah diberikan pada Anda. Kita tidak pernah bisa memilih waktu yang diberikan pada kita, begitu juga dengan keadaan kita.

Beberapa momen akan terasa damai. Yang lain mungkin pandemi. Sebagian besar berada di antaranya.

Pertanyaan saya pada Anda adalah, apa yang akan Anda lakukan dengan kepemimpinan Anda mulai hari ini ke depannya? Apakah Anda akan menggunakannya untuk diri sendiri? Membangun karier yang baik, berlibur kapan pun yang Anda inginkan, membangun

simpanan yang cukup untuk pensiun, pensiun dini, dan meninggal
dengan tenang?

Atau apakah Anda akan menggunakan kepemimpinan Anda untuk
memberi dampak, berinvestasi dalam keluarga Anda dan orang lain,
mengorbankan waktu untuk perkara yang Anda yakini, memberikan
uang Anda dengan murah hati, meninggal dengan legacy yang tidak
meninggalkan apa pun di atas meja, dan mengubah dunia dalam
prosesnya?

Harapan saya adalah Anda akan memilih yang terakhir dan menjadi
pemimpin yang memberi dampak.

TENTANG LEADERIMPACT

Saya menulis buku ini dalam kemitraan dengan LeaderImpact. Saya telah menjadi relawan, berbicara, memimpin kelompok, dan terlibat dalam tingkat global selama bertahun-tahun.

Ketika saya mengatakan Anda perlu menemukan nya dan terjun, bagi saya, ini dia. Saya senang melihat para pemimpin terlibat dalam menjadi pemimpin yang memberi dampak. Tidak ada hadiah yang lebih baik yang bisa mereka berikan pada dunia.

LeaderImpact telah menginspirasi dan mengembangkan pemimpin selama beberapa dekade. Tujuan mereka sebagai organisasi global adalah untuk membantu para pemimpin berkembang secara profesional, pribadi, dan rohani untuk dapat memberi dampak.

Para pemimpin bertemu bersama dalam kelompok secara teratur melalui kurikulum LeaderImpact, yang biasanya didasarkan pada bisnis populer dan buku kepemimpinan oleh penulis-penulis seperti Collins, Patrick Lencioni, Simon Sinek, dan lainnya. Kelompok-kelompok ini difasilitasi oleh pemimpin relawan yang memiliki pengalaman hebat di dunia nyata dan setuju dengan nilai-nilai inti organisasi.

Apa yang membedakan LeaderImpact dari jaringan atau kelompok lainnya adalah fokus mereka pada pengembangan holistik untuk pemimpin (profesional, pribadi, dan rohani) dan pada penjang-kauan. Tidak cukup bagi pemimpin untuk tetap terisolasi dalam kelompok-kelompok ini. Ini adalah tentang pertumbuhan dan mengundang pemimpin lain untuk mengalami perubahan hidup yang sama.

Setiap kota mengadakan forum LeaderImpact, yang merupakan acara yang dirancang untuk mempertemukan para pemimpin yang berpengaruh di suatu area. Forum ini biasanya menampilkan pembi-cara hebat di suatu tempat kelas atas untuk memastikan pengalaman yang hebat.

Setiap tahun, ada beberapa perjalanan ke negara-negara yang memulai LeaderImpact. Pemimpin yang berpengalaman memiliki kesempatan untuk menyajikan konten yang hebat dari bidang keahlian mereka, dan juga membagikan dari mana dampak berasal. Saya pernah men-dapatkan hak istimewa untuk berbicara dan bekerja dengan para pemimpin di banyak negara di seluruh dunia. Saya ingin Anda juga mengalami hal yang sama.

Meskipun organisasi ini aktif di lebih dari dua puluh lima negara, organisasi ini masih dalam tahap awal. Kami membutuhkan pemimpin-pemimpin hebat, seperti Anda, untuk bergabung dan memanfaatkan waktu, pengaruh, dan sumber daya untuk mendo-rongnya maju.

Inilah gunanya menjadi bagian dari sebuah gerakan. Anda dapat membantu kami.

Terkadang Anda hanya perlu sedikit dorongan.

Anda dapat mengetahui lebih lanjut, memulai kelompok, atau terli-bat di LeaderImpact.com.

UCAPAN TERIMA KASIH

Ini adalah buku pertama yang saya tulis. Buku ini membutuhkan lebih banyak waktu dari yang saya kira dan lebih banyak bantuan dari orang lain dari yang saya banyangkan.

Pertama, saya ingin berterima kasih pada hubungan saya yang paling penting, istri saya yang luar biasa, Jen. Saya mencintaimu. Buku ini sering merampas waktu kita bersama, dan saya berterima kasih atas pengertian, dorongan, dan editing-mu. Saya tidak bisa melakukan ini tanpa dukunganmu, dan saya sangat bersyukur bahwa kamu adalah istri saya. Saya tahu bahwa saya berutang satu liburan... atau tiga.

Rylan London. Kalian mengisi hidup saya dengan sukacita dan energi. Terima kasih telah menginspirasi saya untuk menjadi ayah yang hebat dan sabar ketika saya menulis ini. Interupsi kalian di kantor ketika saya menulis selalu diterima. Saya sangat mencintai kalian.

Untuk tim di LeaderImpact yang bekerja keras untuk menghidupkan buku ini—terima kasih! Roger Osbaldiston dan Judy Hildebrandt atas masukan, pengetahuan, dan koneksi kalian. Kalian juga meninjau draf dalam waktu singkat. Nathan Hildebrandt yang telah mendorong proyek ini, mengumpulkan dukungan, dan mewujudkannya. Preston Wieler atas dukungan dan masukan Anda yang berkelanjutan selama bertahun-tahun dan Katie Bircham Carpintero yang membuat kami tetap fokus dan membantu kami dengan asesmen. Kalian semua keren.

Keluarga Douglas saya. Ayah dan Ibu, terima kasih atas dukungan, dorongan, dan doa yang tiada henti selama bertahun-tahun. Kalian adalah orang tua yang luar biasa dan standar yang baik untuk menjadi sebaik kalian. Untuk saudara perempuan saya Marnie dan saudara laki-laki saya Nate—terima kasih telah membiarkan dunia meng-intip kehidupan kita saat tumbuh dewasa dan untuk kisah-kisah hebat dan pengetahuan yang telah Anda berikan pada saya selama bertahun-tahun. Kalian adalah orang-orang dan saudara yang luar biasa. Saya tahu saya hanya membahas sebagian kecil saja. Saya sayang kalian.

Terima kasih, Josh dan Christine Cairns, karena telah bersama kami. Persahabatan dan kemitraan kalian ada dalam semua bidang kehidupan.

CREW. Terima kasih, Sujina Unger, atas bantuan Anda dalam asesmen dan semua hal tentang LeaderImpact yang Anda bantu. Terima kasih, Rose Atkinson, karena telah menjadi asisten saya selama bertahun-tahun. Mencoba membuat saya tetap terorganisir selain menulis ini pasti membuat Anda kadang-kadang menjadi gila. Terima kasih, Justin Sherwin, untuk bantun Anda dalam mende-sain dan, Dan Ryu, untuk arahan kreatif Anda. Dan untuk CREW lainnya yang mengizinkan saya meluangkan waktu untuk menulis buku ini, terima kasih karena telah menjadi plunger emas. Juga, terima kasih pada plunger pertama di CREW, Hakon Fauske, atas persahabatan dan passion Anda.

Terima kasih pada orang-orang hebat di Scribe Media. Tucker, Zach, Hal sang chief, Cristina, Emily, Tashan, Rachael, dan anggota tim lainnya. Kalian mengubah seorang pemasar menjadi seorang penulis. Kalian jenius.

Pada para pemimpin dan kisah mereka di buku ini. Terima kasih telah memberi saya waktu dan diri kalian yang sebenarnya, dan karena menjadi pemimpin yang memberi dampak setiap harinya.

Terima kasih Stu McLaren dan Jeremy Laidlaw karena telah menjadi teman sekamar yang baik di universitas dan teman seumur hidup. Kalian berperan penting dalam memastikan saya menempuh jalan kepemimpinan sejak dini. Saya selalu terinspirasinoleh siapa kalian dan apa yang kalian lakukan di dunia.

Maaf, Huijo, karena telah memanggilmu "Tricky" selama bertahun-tahun.

Kepada para pemimpin di kelompok LeaderImpact saya, terima kasih atas persahabatan dan dorongan kalian. Akan ada lebih banyak lagi di masa yang akan datang.

Proses ini panjang tetapi sepadan. Saya bahkan mungkin akan kembali menulis buku, tetapi saya tidak akan mencoba lompat galah lagi.

ASESMEN LEADERIMPACT

Baca dan renungkan pertanyaan-pertanyaan ini sebelum Anda menjawabnya. Lingkari angka yang sesuai dari 1 hingga 5 di samping jawaban Anda. Jumlahkan per bagian, lalu tambahkan ketiga bagian sebagai skor total Anda.

Ingatlah bahwa tidak ada jawaban benar atau salah. Ini hanyalah penilaian untuk memahami di mana Anda berada saat ini. Tujuannya adalah untuk melihat kemajuan di area yang penting bagi Anda dan yang membantu Anda menjadi pemimpin yang memberi dampak. Jika Anda mengisi asesmen ini kembali dalam satu atau dua tahun dari sekarang, harapan saya adalah Anda akan melihat peningkatan dan itu akan memberi Anda dorongan untuk terus maju.

KEHIDUPAN PROFESIONAL

1) BAGAIMANA PERASAAN ANDA TENTANG PEKERJAAN ANDA?

1. Saya tidak menyukai pekerjaan saya dan aktif mencari peluang lain.
2. Saya menyukai pekerjaan saya tetapi tidak melihat kecocokan jangka panjang.
3. Saya menyukai pekerjaan saya dan merasa nyaman.
4. Saya menyukai pekerjaan saya dan merasa terpenuhi dengan aktivitas pekerjaan saya.

5. Pekerjaan saya adalah arus keluar yang sempurna dari siapa diri saya, dan ini memungkinkan saya untuk menghidupi nilai-nilai dan passion saya.

2) APAKAH ANDA SECARA AKTIF BERINVESTASI DALAM PENGEMBANGAN PROFESIONAL ANDA?

1. Tidak—saya membiarkan kehidupan dan tugas saya sehari-hari untuk menentukan hal apa yang saya fokuskan.
2. Ya—hanya keterampilan profesional.
3. Ya—keterampilan profesional dan soft skill.
4. Saya memanfaatkan sebagian besar peluang pengembangan yang tersedia.
5. Saya secara aktif menginvestasikan waktu dan sumber daya saya sendiri dalam pengembangan profesional saya.

3) APA MOTIVATOR TERBESAR ANDA DALAM BEKERJA?

1. Saya tidak termotivasi sama sekali.
2. Pekerjaan saya saat ini hanyalah pekerjaan; saya berada di sana untuk uang.
3. Saya secara umum menikmati pekerjaan saya, dan pekerjaan itu menafkahi keluarga saya.
4. Saya percaya pekerjaan saya sangat cocok dengan keterampilan, kemampuan, dan passion saya. Pekerjaan saya menyenangkan.
5. Pekerjaan saya adalah arus keluar dari siapa diri saya; saya merasa sepenuhnya terpenuhi dengan pekerjaan saya.

4) BAGAIMANA ANDA MENJELASKAN KESEIMBANGAN KEHIDUPAN KERJA ANDA?

1. Mengerikan—Saya selalu bekerja, dan itu buruk bagi saya dan keluarga saya.

2. Tidak bagus—Pekerjaan saya menghabiskan sebagian besar waktu saya ketika saya tidak bekerja.

3. OK—Saya berinvestasi dalam pekerjaan saya tetapi saya dapat membaginya jika perlu.

4. Baik—Saya meninggalkan pekerjaan saya di kantor.

5. Luar biasa—Pekerjaan saya adalah arus keluar alami dari siapa diri saya, jadi, keseimbangan hidup saya alami.

5) APAKAH ANDA MEMILIKI KETERAMPILAN YANG DIPERLUKAN UNTUK UNGGUL DALAM BEKERJA?

1. Tidak—Saya berjuang setiap hari dengan pekerjaan yang saya lakukan.

2. Saya cukup kompeten untuk tidak kehilangan pekerjaan saya.

3. Saya belajar dan menemukan diri saya lebih percaya diri setiap harinya.

4. Saya terampil dalam apa yang saya lakukan dan merasa senang dengan kontribusi saya.

5. Saya adalah yang terbaik di bidang saya.

6) APAKAH ANDA MEMILIKI MENTOR DI TEMPAT KERJA?

1. Tidak—Saya mengerjakan sebagian besar pekerjaan saya sendiri, tanpa bimbingan profesional.

2. Saya memiliki supervisor, tetapi ia hanya berinteraksi dengan saya ketika saya mengajukan pertanyaan.

3. Saya memiliki supervisor yang berperan aktif dalam pertumbuhan kejuruan saya

4. Saya memiliki mentor yang peduli dengan perkembangan saya sebagai karyawan dan individu.

5. Saya memiliki mentor yang berkomitmen penuh terhadap perkembangan saya dalam semua aspek kehidupan dan pekerjaan saya.

7) APAKAH ANDA SEDANG MEMBIMBING SESEORANG DI TEMPAT KERJA?

1. Tidak—Tidak secara formal.
2. Ya—Sebagai bagian dari tanggung jawab pengawasan saya.
3. Ya—Saya melihatnya sebagai peran saya untuk mengembangkan staf saya tidak hanya secara profesional tetapi juga secara pribadi.
4. Ya—Saya secara aktif mencari peluang untuk berinvestasi dalam kehidupan generasi berikutnya.
5. Ya—Saya percaya bahwa peran utama saya di tempat kerja adalah untuk membimbing orang lain secara pribadi, profesional dan rohani.

8) BAGAIMANA ANDA MELIHAT TINGKAT KOMPENSASI ANDA DI TEMPAT KERJA?

1. Saya dibayar rendah secara signifikan.
2. Saya dibayar rendah, tetapi ini karena pengalaman saya yang relatif kurang.
3. Saya mendapatkan gaji rata-rata untuk tingkat pengalaman saya.
4. Saya mendapat kompensasi yang adil dan memiliki peluang untuk maju.
5. Saya diberi kompensasi yang sangat baik untuk pekerjaan yang saya lakukan dan memiliki peluang untuk maju.

9) SEBERAPA PUAS ANDA DENGAN TINGKAT KOMPENSASI ANDA?

1. Saya merasa diremehkan secara signifikan, dan ini mempengaruhi motivasi dan harga diri saya.
2. Saya berharap saya mendapat kompensasi yang lebih tinggi tetapi memahami bahwa ini adalah musim untuk tumbuh dan berkembang.
3. Saya merasa bahwa kompensasi yang saya peroleh sesuai dengan nilai yang saya berikan.
4. Saya puas dengan apa yang saya peroleh.

5. Saya mendapat kompensasi yang sangat baik dan menganggapnya sebagai suatu berkat untuk dihargai oleh atasan saya.

10) APAKAH ANDA MEMILIKI TARGET PROFESIONAL DI TEMPAT KERJA?

1. Tidak—Saat ini saya tidak memiliki apa pun yang ingin saya lakukan.
2. Saya memiliki beberapa ide fleksibel tentang hal-hal yang ingin saya capai.
3. Saya menetapkan target setiap tahun tetapi jarang mengikutinya.
4. Saya menetapkan target dan saya berkomitmen pada sebagian besar dari target tersebut dan mencoba untuk memenuhinya.
5. Saya menetapkan target profesional yang signifikan yang bertindak sebagai pedoman untuk pengambilan keputusan.

Subtotal: _____

KEHIDUPAN PRIBADI

11) BAGAIMANA ANDA MENDESKRIPSIKAN KEBIASAAN TIDUR ANDA?

1. Buruk—Saya tidak pernah tidur nyenyak.
2. Tidak baik—Saya tidak cukup tidur di malam hari dan merasa lesu sepanjang hari.
3. Cukup—Saya tidur enam hingga tujuh jam.
4. Baik—Saya biasanya tidur nyenyak dan merasa segar dan bersemangat di hari berikutnya.
5. Luar biasa—Saya tidur dengan cepat dan nyenyak. Saya memiliki rutinitas tidur yang teratur, yang membuat saya beristirahat dengan cukup.

12) APAKAH ANDA MENGHABISKAN WAKTU BERINVESTASI SECARA AKTIF DALAM PENGEMBANGAN PRIBADI (MEMBACA, RETRET PERNIKAHAN, KELOMPOK FITNESS, PELATIHAN, DLL.)?

1. Tidak—Pengembangan pribadi bukanlah prioritas bagi saya.
2. Saya menginvestasikan waktu minimal dalam pengembangan pribadi.
3. Saya meluangkan cukup waktu/energi untuk merasa seperti saya tidak tertinggal dalam hidup.
4. Pertumbuhan dan perkembangan pribadi penting bagi saya, dan saya menjadikannya prioritas tahunan.
5. Saya memiliki target signifikan untuk pertumbuhan pribadi saya dan banyak berinvestasi dalam pengembangan saya.

13) BAGAIMANA ANDA MENDESKRIPSIKAN MOOD UMUM ANDA (PIKIRAN DAN DIALOG INTERNAL)?

1. Saya memikiri pandangan hidup yang sangat negatif dan sering merasa putus asa.
2. Saya sering merasa sedih dan kurang energi.
3. Saya memiliki hari-hari yang baik dan hari-hari yang buruk.
4. Saya biasanya merasa senang dan ceria.
5. Saya hampir selalu merasa bahagia dan optimis.

14) SEBERAPA BAIK ANDA DAPAT MENGATASI KECEMASAN, STRES, DAN KETAKUTAN? APAKAH ANDA DAPAT BERKONSENTRASI DAN BEKERJA DENGAN BAIK DI BAWAH TEKANAN?

1. Saya terus -menerus merasa kewalahan oleh tekanan emosional.
2. Saya biasanya menangani tekanan harian dengan baik tetapi saya terkejut karena perubahan yang signifikan atau stres.
3. Saya produktif selama periode stres, tetapi itu mempengaruhi kesejahteraan saya.
4. Saya memiliki kemampuan yang baik untuk menangani tekanan

hidup dan pekerjaan dan saya efektif di tengah cobaan dan tekanan.

5. Saya memiliki strategi proaktif untuk mengelola apa yang kehidupan berikan pada saya dan saya dapat fokus dalam situasi apa pun.

15) SEBERAPA MAMPU ANDA MELIHAT DARI PERSPEKTIF ORANG LAIN SELAMA PERTENTANGAN?

1. Saya tidak memahami orang lain. Saya hanya melihat hal-hal dengan cara saya.
2. Saya kadang-kadang menyadari perspektif orang lain, tetapi tidak memahami bagaimana mereka sampai pada kesimpulan mereka.
3. Saya memahami dan menyeimbangkan berbagai perspektif dalam pengambilan keputusan dan tanggapan saya terhadap pertentangan.
4. Saya secara aktif mencari perspektif lain dan mencoba membuat keputusan yang sesuai untuk semua yang terlibat.
5. Saya terus-menerus melihat situasi dari sudut pandang objektif dan empatik.

16) BAGAIMANA ANDA MENJELASKAN MANAJEMEN EMOSI ANDA (EKSPRESI WAJAH DARI PERASAAN DI HATI ANDA)?

1. Saya kesulitan untuk mengendalikan ledakan emosi saya.
2. Saya memiliki kendali terbatas atas emosi saya dan mudah terpancing.
3. Selama periode stres, kemampuan saya untuk mengelola emosi saya terganggu.
4. Saya biasanya cukup seimbang.
5. Pengendalian diri adalah salah satu sifat karakter inti saya.

17) BAGAIMANA ANGGOTA KELUARGA ANDA MENILAI DEDIKASI WAKTU DAN PERHATIAN ANDA PADA KELUARGA ANDA?

1. Saya tidak punya keluarga. (tidak ada)
2. Saya jauh secara emosional dan fisik.
3. Saya tidak memiliki waktu luang sebanyak yang diinginkan keluarga saya, tetapi mereka memahami ini sebagai sebuah musim kehidupan.
4. Saya mencoba untuk hadir dan memberikan perhatian kapan pun memungkinkan.
5. Keluarga saya sangat penting bagi saya. Saya mendedikasikan waktu dan perhatian yang signifikan untuk mereka.

18) BAGAIMANA PASANGAN ANDA MENILAI DEDIKASI WAKTU DAN PERHATIAN ANDA PADA PERNIKAHAN ANDA?

1. Saya tidak menikah atau dalam hubungan berkomitmen saat ini. (tidak ada)
2. Saya jauh secara emosional dan fisik.
3. Saya tidak memiliki waktu luang sebanyak yang diinginkan pasangan saya, tetapi ia memahami ini sebagai sebuah musim kehidupan.
4. Saya mencoba untuk hadir dan memberikan perhatian kapan pun memungkinkan.
5. Pasangan saya sangat penting bagi saya. Saya mendedikasikan waktu dan perhatian yang signifikan untuknya.

19) BAGAIMANA ANDA MENDESKRIPSIKAN PERSAHABATAN ANDA?

1. Menjaga persahabatan bukanlah prioritas bagi saya. (tidak ada)
2. Saya tidak begitu memiliki teman.
3. Saya memiliki banyak kenalan tetapi tidak ada persahabatan yang dekat.
4. Saya memiliki satu atau dua teman yang sangat dekat.

5. Saya memiliki sejumlah persahabatan jangka panjang dan mendalam.

20) BAGAIMANA PERASAAN ANDA TENTANG KESEHATAN DAN KEBUGARAN ANDA SECARA UMUM?

1. Kesejahteraan fisik saya saat ini menempatkan saya pada risiko medis.
2. Saya tidak sehat secara fisik dan merasa tidak senang dengan hal ini.
3. Saya bisa berada dalam kondisi yang lebih baik, tetapi saya melakukan upaya minimal.
4. Saya dalam kondisi yang baik dan berolahraga setiap kali saya memiliki waktu.
5. Saya menghargai kesehatan fisik saya dan secara aktif berusaha memilikinya.

21) BAGAIMANA KEBIASAAN GIZI ANDA?

1. Saya memiliki kebiasaan gizi yang sangat buruk, dan perbaikan bukanlah prioritas bagi saya.
2. Saya memiliki kebiasaan gizi yang buruk, tetapi saya menyadarinya dan ingin memperbaikinya.
3. Saya memiliki kebiasaan gizi yang rata-rata. Saya mencoba untuk mengambil pilihan yang sehat.
4. Saya memiliki kebiasaan gizi yang baik. Saya berusaha secara sadar untuk makan dengan baik dan saya cukup disiplin.
5. Luar Biasa—Saya mendapat informasi tentang gizi dan mengikuti rencana gizi yang optimal untuk gaya hidup saya.

22) APAKAH ANDA MEMILIKI TARGET UNTUK KEHIDUPAN PRIBADI ANDA?

1. Tidak, saat ini saya tidak memiliki target pribadi.
2. Saya tidak memiliki target khusus yang ditetapkan tetapi memiliki ide fleksibel tentang apa yang ingin saya capai.
3. Saya menetapkan target setiap tahun tetapi jarang mengikutinya.
4. Saya memiliki komitmen terhadap target yang saya tetapkan dan mencoba yang terbaik untuk mencapainya.
5. Saya secara teratur menetapkan target pribadi dan hampir selalu bisa mencapainya.

Subtotal: _____

KEHIDUPAN ROHANI

23) APAKAH ANDA MEMILIKI **SENSE OF PURPOSE** YANG MEMUASKAN DALAM HIDUP ANDA?

1. Saya kehilangan *sense of purpose* dalam hidup saya.
2. Saya kesulitan untuk menemukan arti dan tujuan tetapi tetap berharap.
3. Saya merasakan tujuan sesekali.
4. Saya sering merasa bahwa saya memiliki tujuan di bidang-bidang tertentu dalam hidup saya.
5. Saya memiliki *sense of purpose* yang dalam dari semua aspek kehidupan saya.

24) BAGAIMANA ANDA MENJELASKAN KEHIDUPAN ROHANI ANDA PADA TITIK INI?

1. Saya tidak mengenal/percaya Tuhan.
2. Saya merasa terputus dari Tuhan.

3. Saya berharap saya merasa lebih terhubung dengan Tuhan.
4. Saya merasa terhubung dengan Tuhan.
5. Saya selalu menyadari kehadiran Tuhan dalam hidup saya.

25) SEBERAPA SERING ANDA MENGALAMI KEBAHAGIAAN DALAM HIDUP ANDA SAAT INI?

1. Tidak sama sekali.
2. Saya sedang dalam masa pencobaan dan merasa letih tetapi saya berharap masa ini akan berlalu.
3. Tidak cukup baik. Beberapa hari adalah hari yang baik, dan hari-hari lainnya tidak.
4. Saya merasakan sukacita di sebagian besar waktu saya, tetapi saya ingin merasakannya lebih sering lagi.
5. Saya secara konsisten merasa bahagia bersama orang lain, memastikan adanya sifat tersebut dalam diri saya.

26) BAGAIMANA ANDA MENGEVALUASI KAPASITAS ANDA UNTUK KESABARAN?

1. Sangat buruk—Saya secara konsisten merasa marah jika ada keterlambatan atau kesalahan.
2. Saya merasa gelisah dan mudah tersinggung.
3. Sedang dalam proses.
4. Saya biasanya dapat mengendalikan diri dengan baik tetapi kadang-kadang kelepasan.
5. Kesabaran adalah salah satu sifat karakter inti saya.

27) SEBERAPA SERING ANDA MERASAKAN BELAS KASIH ATAU BERTINDAK DENGAN BELAS KASIH TERHADAP ORANG LAIN?

1. Sangat jarang—Fokus saya cenderung hanya tertuju pada diri sendiri.

2. Saya sesekali menunjukkan kebaikan dan belas kasih pada orang lain.
3. Saya sering mencoba untuk memiliki belas kasih, tetapi ini tidak datang secara alami.
4. Saya sering berbuat baik dan memiliki belas kasih terhadap orang lain.
5. Saya secara berkala mencari cara untuk menunjukkan kebaikan atau belas kasih pada orang lain.

28) SEBERAPA SERING ANDA MERASA DIKASIHI ATAU MENUNJUKKAN KASIH PADA ORANG LAIN?

1. Saya jarang menunjukkan kasih pada orang lain, dan mereka jarang menunjukkan cinta pada saya.
2. Jarang—Tetapi saya ingin lebih sering lagi.
3. Kadang-kadang—Tetapi ada ruang untuk perbaikan.
4. Saya sering mengasihi orang lain dan merasa dicintai sebagai balasannya.
5. Kasih adalah aspek yang ada secara teratur dalam hidup saya, dan saya menerima balasan dari orang lain.

29) BAGAIMANA KEHIDUPAN DOA ANDA?

1. Saya tidak berdoa.
2. Saya berdoa sebelum makan.
3. Saya berdoa setiap hari untuk orang-orang dan hal-hal yang penting bagi saya.
4. Saya aktif berkomunikasi dengan Tuhan sepanjang hari.
5. Saya adalah ksatria doa dan menghabiskan lebih dari lima jam seminggu dalam doa.

30) BAGAIMANA TINGKAT PENGENDALIAN DIRI ANDA?

1. Sangat buruk—Saya tidak memegang kendali atas pikiran/tindakan saya.
2. Tidak baik—Keadaan atau situasi sering mendikte tanggapan saya.
3. Variabel—Sedang dalam proses.
4. Saya biasanya melatih pengendalian diri yang kuat dan jarang kelepasan.
5. Pengendalian diri adalah salah satu sifat karakter inti saya.

31) APAKAH PIKIRAN DAN TINDAKAN ANDA KONSISTEN DENGAN STANDAR MORAL YANG TINGGI?

1. Tidak—Saya memiliki banyak ruang untuk perbaikan.
2. Bisa lebih baik lagi.
3. Kadang-kadang—Tetapi saya berfokus pada peningkatan.
4. Saya bertindak sejalan dengan moral secara konsisten tetapi mengalami kesulitan dengan pikiran saya.
5. Pikiran dan tindakan saya bermoral secara konsisten, dan jarang kelepasan.

32) SEBERAPA PENTING PERTUMBUHAN DAN PERKEMBANGAN ROHANI BAGI ANDA?

1. Tidak penting sama sekali.
2. Agak penting.
3. Penting—Tetapi saya tidak secara aktif mencarinya.
4. Saya sedang mencari lebih lagi.
5. Saya secara aktif terlibat dalam pertumbuhan rohani.

Subtotal: _____

Total Kehidupan Profesional: _____

Total Kehidupan Pribadi:_____

Total Khidupan Rohani:_____

Total Akhir:_____

BAGAIMANA DENGAN HASIL ANDA?

Saya senang bekerja dengan pemimpin karena mereka termotivasi dan kompetitif. Mereka juga merasa tidak aman, dan mereka membandingkan diri mereka dengan pemimpin atau bisnis atau organisasi lain. Asesmen ini bukan diagnosis klinis atas kesehatan profesional, pribadi dan rohani Anda. Tidak ada yang menang maupun yang kalah, atau yang lebih baik atau lebih buruk. Sebaliknya, ini adalah kesempatan bagi Anda untuk mengevaluasi bagaimana perasaan Anda saat ini tentang berbagai aspek dalam kehidupan Anda. Ini adalah ukuran kemajuan dari waktu ke waktu. Harapan saya adalah Anda terus bergerak maju dan memiliki niat untuk mengembangkan area yang Anda rasa perlu ditingkatkan.

Dari survei kami pada lebih dari lima ratus pemimpin dari berbagai belahan dunia, berikut adalah skor rata-ratanya.

	PRIBADI (DARI 60)	PROFESIONAL (DARI 50)	ROHANI (DARI 50)	SKOR TOTAL (DARI 160)
SEMUA PEMIMPIN	45	35	40	120
CEO/PRESIDEN	47	39	41	127
PEMILIK/WIRAUSAHA	45	36	39	120
MANAJEMEN SENIOR (WAKIL PRESIDEN, DIREKTUR)	45	35	39	119
MANAJEMEN (SUPERVISOR, KETUA TIM)	45	34	40	119
KARYAWAN	44	33	40	117
LAINNYA	43	32	39	114
PENSIUNAN	46	35	41	122
PRIA	45	35	39	119
WANITA	44	35	41	120

Catatan: Ukuran Sampel = 537 tanggapan lengkap (September 2019)

Selalu menarik untuk melihat di mana skor kita berada.

Jika Anda puas dengan posisi Anda, bagus. Penting untuk memperta-hankan level tersebut di setiap area dan tetap fokus. Anda juga dapat membantu orang lain yang belum sampai di titik tersebut. Hal ini mungkin berarti mengajar, membimbing, dan membangun menjadi pemimpin lainnya dengan cara yang didasari dengan niat.

Jika Anda tidak puas dengan skor Anda, Anda bisa memperbaikinya. Target dalam hidup bukanlah kesempurnaan tetapi kemajuan.

Komponen pengantar ke LeaderImpact disebut Foundations. Ini biasanya terdiri dari empat hingga lima sesi di mana Anda melaku-kannya lewat riwayat hidup, nilai, tujuan, visi, dan penetapan target

Anda. Asesmen ini juga merupakan bagian dari program Foundations dan membantu Anda untuk mengambil langkah selanjutnya.

Bagian terbaiknya adalah meninjau asesmen Anda dengan pemimpin lain dalam lingkungan kelompok. Saya secara pribadi telah melaluinya beberapa kali dalam kelompok, dan saya selalu belajar perspektif dan wasasan baru yang dapat Anda terapkan dalam hidup Anda. Ini akan membuat Anda menjadi pemimpin yang lebih tajam dan orang yang lebih baik.

TENTANG PENULIS

BRADEN DOUGLAS adalah pendiri CREW Marketing Partners, salah satu agensi pemasaran dan kreatif dengan pertumbuhan paling cepat di Kanada, dengan banyak lokasi. Didirikan pada tahun 2007, CREW telah memenangkan berbagai penghargaan dan bekerja sama dengan beberapa merek terbaik.

Sebagai salah satu pemasar muda yang bekerja di Procter & Gamble dan kemudian Frito-Lay, Braden melakukan sesuatu yang dianggap banyak rekannya sebagai langkah yang membatasi karier. Ia meninggalkan dunia korporat. Ia mengikuti *passion*-nya untuk bekerja dengan salah satu organisasi nirlaba nasional bernama Lembaga Pelayanan Mahasiswa, yang kini dikenal dengan Power to Change. Di lembaga nirlaba inilah ia mengembangkan kerangka kerja strategi pemasaran dan model agensinya. Lebih penting lagi, ia menyadari potensi dan kemampuan pemimpin untuk membuat dampak yang signifikan di dunia ini.

Keinginan inilah yang membuatnya memulai CREW.

Passion dan tujuannya adalah untuk membantu para pemimpin menemukan kesuksesan sejati. CREW berfokus pada hasil bisnis, dan pekerjaan relawannya melalui LeaderImpact berfokus pada membantu pemimpin menjalani kehidupan yang memberi dampak.

Ia berbicara di acara-acara untuk hadirin di seluruh Amerika Utara dan di seluruh dunia, dan menulis secara berkala melalui media sosial dan online di BradenDouglas.com.

Braden tinggal di di luar Vancouver, British Columbia, bersama istri dan kedua anaknya. Ia adalah pembaca berat, relawan, penulis, dan atlet yang berlari, bermain sepak bola, papan seluncur salju, dan selalu aktif bersama keluarganya.

CATATAN

1. John C. Maxwell, *The 21 Irrefutable Laws of Leadership* (Nashville: Thomas Nelson, 1998).
2. "Civil Rights Icon Rosa Parks Dies at 92," CNN, 25 Oktober 2005, https://www.cnn.com/2005/ US/10/25/parks.obit/index.html.
3. Diambil dari Matius 13:3–8. Eugene Peterson, *The Message Paraphrased Bible* (Colorado Springs, CO: NavPress, 2018)
4. Greg McKeown, *Essentialism: The Disciplined Pursuit of Less* (New York: Crown, 2014), 131.
5. Chris Weller dan Skye Gould, "Here Are the Ages You Peak at Everything in your Life," *Business Insider*, 5 Oktober 2017.
6. Eric J. Olson, "Healthy Lifestyle: Adult Health: Expert Answers: How Many Hours of Sleep Are Enough for Good Health?" Mayo Clinic, 6 Juni 2019, https://www.mayoclinic.org/ healthy-lifestyle/ adult-health/expert-answers/how-many-hours-of-sleep-are-enough/ faq-20057898.
7. "Healthy Sleep: Benefits of Sleep," Division of Sleep Medicine at Harvard Medical School, http:// healthysleep.med.harvard.edu/ healthy/matters/benefits-of-sleep.
8. Earlexia Norwood, "The Surprising Health Benefits of Smiling," *Henry Ford Live Well* (blog), 5 Oktober 2017.
9. Tim Keller, *The Prodigal God* (New York: Dutton Press, 2008), 60.
10. Matius 16:24–26 (Terjemahan Hidup Baru).
11. Yohanes 15:12–13 (New American Standard).
12. Matius 22:37 (Terjemahan Hidup Baru).
13. Matius 22:38 (Terjemahan Hidup Baru).
14. Galatia 5:22–23 (Terjemahan Hidup Baru).
15. 1 Korintus 13:4–7 (Terjemahan Hidup Baru).

16. Yohanes 15:5 (Terjemahan Hidup Baru).

17. James Allen, *As a Man Thinketh* (1908).

18. "Three-Quarters of Millennials Would Take a Pay Cut to Work for a Socially Responsible Company, according to Research from Cone Communications," Cone Communications, 2 November 2016, https://www.prnewswire.com/news-releases/three-quarters-of-millennials-would-take-a-pay-cut-to-work-for-a-socially-responsible-company- according-to-research-from-cone-communications-300355311.html.

19. V. Kasturi, Lisa Chase, dan Sohel Karim, "The Truth about CSR," *Harvard Business Review* (January–February 2015), https://hbr.org/2015/01/the-truth-about-csr.

20. "Will Consumers Pay More for Products from Socially Responsible Companies?" *Marketing Charts*, 15 Oktober 2015, https://www.marketingcharts.com/brand-related-60166.

21. "Nearly All Consumers Likely to Switch Brands to Support a Cause This Holiday Season," Cone Communications, 1 Desember 2011, https://www.prnewswire.com/news-releases/nearly-all- consumers-likely-to-switch-brands-to-support-a-cause-this-holiday-season-134834278.html.

22. Jim Collins, *Good to Great: Why Some Companies Make the Leap and Others Don't* (New York: HarperCollins, 2001).

23. Amsal 15:22 (Terjemahan Hidup Baru).

24. Diambil dari Keluaran 3:9–12, Eugene Peterson, *The Message Paraphrased Bible* (Colorado Springs, CO: NavPress).